사행의 비밀

당신이 몰랐으면 하는 K-게임

P2E

게임법 전부개정안

사행성

NFT

가챠

빼꼼기

머릿말

대한민국 게임백서에 의하면 한국 게임계의 전체 매출은 약 21조입니다. 또한 2021년 엔씨소프트의 실적 공시 자료에 의하면 엔씨소프트의 매출 약 90%는 확률형 아이템 판매로 이루어져 있습니다.

이는 다른 국내 게임사도 크게 다르지 않을 것입니다.

하지만 이런 엄청난 매출을 내는 사업임에도 불구하고 한국의 게임 회사들이 확률형 아이템의 어떤 요소가 고객의 결제를 유도하는지 그 구조를 정확하게 밝히고 설명하는 자료는 보기 어렵습니다. 이에 대해 게임사는 영업 비밀이라고 주장하며 외부에 밝히지 않습니다.

사행성 아이템 논란 때문에 밝히기 꺼려하는 부분도 있습니다.

그간 엄청난 매출을 이끌어 내는 확률형 아이템 구조에 대해 지속적으로 사행성 논란이 있어 왔습니다. 이에 따라 확률 정보를 정확하게 공개하라는 확률 공개 의무화 법안이 발의, 통과되었습니다.

이러면 이제 많은 이들이 궁금해하는 고액 과금을 이끌어내는 구조가 드러날까요?

확률 공개가 의무화되었으니, 매출이 감소할까요?

로또와 강원랜드도 확률을 공개하며 투명하고 공정하게 운영됩니다.

즉, 투명하고 공정한 확률 공개와 사행성은 아무 관계가 없다는 뜻입니다. 오히려 도박의 필수 조건입니다.

그렇다면 K-게임사의 확률형 아이템 사업 구조는 도박과 어디가 어떻게 다르기에 매출 총량이 제한되는 사행 산업이 아닌 게임 산업의 지위를 유지하며 엄청난 매출을 올릴 수 있는 것일까요?

게임에 대해 어떤 규제가 도입되면 사행성이 약해졌다 또는 강해졌다고 합니다.

이 말은 사행성은 단순히 도박이다 아니다 같은 이분법이 아닌, 조절이 되는 요소라는 뜻입니다.

게임에서 어떤 요소들을 조절하면 더욱 많은 결제를 유도할 수 있다는 규칙들이 이미 많이 밝혀져 있습니다. 효과가 확실한 방법이 정해져 있으니 반대로 핀포인트 규제도 할 수 있는 것입니다.

사행성은 어떤 원리로 조절되는 것일까요?

많은 K-게임사가 NFT를 통해 게이머의 소유권을 보장하겠다고 합니다. 하지만 사람들의 시선은 좋지 않습니다. 게다가 국내에서는 게임에 NFT를 사용하는 것이 아직 불법입니다. 하지만 아이템 거래는 대법원에서 합헌 판결이 난 사항입니다.

독자에 따라서는 게임을 즐기다가 계정이나 아이템을 팔고 떠나는 것을 당연하게 여기실 수도 있습니다만, 아이템 현거래를 허용하는 나라는 전 세계에서 몇 국가 되지 않습니다.

대법원에서 아이템 거래를 합헌이라고 했음에도 불구하고, 아이템 거래소를 통한 아이템 거래에 대해 한국 게임사는 약관 위반이라며 아이템을 거래한 사용자를 제재합니다. 또한, 아이템 거래로 인해 발생하는 문제에 대해 책임을 지지 않습니다. 하지만 많은 K-게임사가 NFT 방식을 이용한 아이템 거래에 대해서는 사용자의 소유권을 보장하는 좋은 기술이라면서 사용자들을 납득시키려 노력하고 있습니다.

사용자 입장에서는 별 차이도 없어보이는데 법과 게임사는 각각 정반대의 입장을 취하고 있습니다.

그 이유는 무엇일까요?

국내 게임에, 소위 가챠라 불리는 사행성 아이템 판매가 시작된 것은 2004년경부터로 알려져 있습니다. 그 뒤로 지금까지 20여 년에 가까운 시간동안 게임사들은 게이머들이 한 번이라도 더 가챠를 돌려보도록 많은 기법을 발달시켜 왔습니다.

또한 결제 한도 폐지 등 법적인 환경도 변화시켜 왔습니다.

이 과정에서 누가 봐도 도박이라고 할 만하면서도 법적으로는 도박에 해당하지 않으며, 최대의 결제를 이끌어내는 구조를 만들어 왔습니다.

이러한 장치와 기획들에 대해 K-게임사는 노하우라고 주장하며, 넥슨 등 일부 게임사에서는 이런 기법들에 대해 특허까지 내고 있습니다.

이런 상황들을 고려할 때, 사행과 사행성에 대해 전반적으로 정리한 무언가가 있다면 좋겠다고 생각하여 이 책을 쓰게 되었습니다. 이 책을 통해 이런 문제에 대해 논의할 때 더 나은 방향과 해법을 찾아낼 수 있다면 좋겠습니다.

우선 제 소개를 간단히 하겠습니다.

저는 2000년대 초~중반까지 해외 게임을 라이센스, 한글화하여 국내에 판매하던 회사의 퍼블리싱 담당자였습니다. 주요 거래처 중에는 킹 오브 파이터즈 등으로 유명한 SNK도 있었습니다.

그러던 중, 해당 회사에서 2000년대 중반 소위 '바다이야기' 시절에 SNK의 빠찌슬롯을 국내에 들여오기로 결정합니다. 때마침 SNK에서도 빠찌슬롯 사업을 시작했는데 국내에서도 시장이 열렸다고 판단했기 때문입니다. 그래서, 일본의 SNK 빠찌슬롯을 한국어화하고 국내법에 맞게 '메달 밀어치기 게임'이라는 형태로 수정하는 작업을 했습니다.

회사에서는 해당 업무를 꺼려하는 제게, 이 일은 합법이며 아무 문제 없다고 설득했습니다. 합법적인 사업이라서 정식 심의(당시는 영상물 등급위원회)도 받았습니다.

당시 만들던 킹 오브 파이터 빠찌슬롯

그러나, 아무리 합법이라고 해도 역시 찜찜했던 나머지 1년 정도 해당 업무를 하다가 퇴사했고, 이후에는 한국의 온라인, 모바일 게임사에서 일했습니다.

아무튼 당시에는 신기하게도 게임을 하면 경품으로 상품권이 나오는 '바다이야기'가 합법이었습니다. 그래서 동네 골목마다 성인 게임장이 생길 수 있었습니다.

그렇다고 해도 일본과 한국의 법률이 완전히 똑같지는 않았기에 일본 빠찡꼬*를 한국법에 맞춰 수정해야 했습니다.

• 주: 본래 맞는 표기법은 파친코, 파칭코이나 본 책에서는 '빠찡꼬'라고 표시합니다.

이 과정에서 빠찡꼬를 제대로 배웠다는 분의 보조로 관련 법과 기획에 대해 어깨 너머로 배우게 되었습니다.

처음에는 구슬이 날아가는 장면을 멍하니 쳐다보고 있는, 빠찡꼬 같은 게임을 하는 사람들은 다 바보거나 정신이 이상한 사람들이라고 생각했습니다. 그러나, 구조나 설명을 듣다보니 제 생각이 틀렸음을 알게 되었습니다.

그리고 공부하면 할 수록 나름대로 빠질만한 이유와 흥미로운 요소나 구성을 갖추고 있다는 사실을 알게 되었습니다.

오히려 알면 알수록 한국식 MMORPG와 비슷하다는 생각이 들었습니다.

그러다보니 국내 MMORPG 초창기 사행성 아이템 판매가 시작되고 현거래, 환전 등이 발생했을 때, 선진 빠찡꼬의 기법(?)을 알려달라는 요청을 받기도 했었습니다.

하지만, 그런 경험이 대단한 자랑거리가 아니거니와 모방의 우려가 있다고 생각해 언급을 꺼려왔습니다.

그리고, 당시 MMORPG와 빠찡꼬의 구조적 유사성을 설명했을 때, 일부 개발자분들은 본인들이 만들고있는 게임이 그런 도박과 비교된다는 것 자체에 불쾌감을 드러내기도 했었습니다.

그러나, 이제는 워낙에 다들 거리낌없이 하시고, 위에 언급한 바와 같이 넥슨 등 일부 회사에서는 사행성 기획에 대해 특허를 내는 수준까지 왔습니다. 현재는 빠찡꼬가 K-게임의 사행성 기법을 배우고 따라하는 상황까지 왔다고 봅니다. 그러니 차라리 정확하게 밝히고 정리하는 편이 낫지 않을까 생각하게 되었습니다.

본 글이 사행성의 기초와 핵심을 정확하게 이해하는 데 도움이 되길 바라겠습니다.

• 혹시 이 머릿말에서 '확률형 아이템'이라고 알려진 무언가를 '사행성 아이템'이라고 표현하고 있는 것을 눈치채셨는지요? 저는 '확률형 아이템'이란 말이 게이머들에게 은연 중에 게임 재미에 필요한 무언가라는 인상을 주기 위해 K-게임사가 기존 게임에 존재하는 개념을 끌어온 단어라고 생각합니다.
이 문제 때문에 국내 게임법에서는 유료 확률형 아이템/무료 확률형 아이템으로 둘을 구분하고 있습니다만, K-게임사는 이 역시 유·무료 결합형 아이템이라는 장치를 통해서 구분을 어렵게 만들고 있습니다.
따라서 본 글 내에서는 특별한 경우가 아니면 '사행성 아이템'이라는 표현을 사용하고 있다는 점, 참고 부탁드립니다.

(예비 소집)

예비 소집에 오신 것을 환영합니다.

본 책은 사행성의 기초와 핵심만을, 어렵지 않은 용어를 써서 누구나 쉽게 이해할 수 있게 하는 것이 목표입니다. 그래서, 기본편은 초등학교라는 컨셉으로, 실전 응용편은 중학교라는 컨셉으로 소개하고자 합니다. 사행성 초등학교와 중학교를 마쳤을 때 느껴질, 학교를 졸업한 기분은 덤으로 드립니다.

그러나, 실무적인 테크닉은 이보다 훨씬 더 구체적이고 복잡하게 이루어져 있으므로 이 책에 있는 내용만 가지고 사행성 게임을 만들면 대박 날 수 있겠다고 기대하시면 곤란합니다. 이 책은 그런 게임들이 기본적으로 어떤 구조를 가지고 응용, 발전시킨 형태인지를 이해하는 데 도움을 드리는 것에 초점이 맞추어져 있습니다. 그리고, 그런 구조들이 왜 의미가 있는지에 대한 이유도 설명해 드리겠습니다.

우선 다음 질문을 해봅시다.
– 사행성이 왜 문제지?
– 남에게 피해준 것도 아니고 내가 내 돈 쓰겠다는데 자본주의 사회
  에서 왜?
– 왜 로또를 1인 10만 원 이상 못 사게 하는 거지? 아니 그보다 왜
  10만 원 이상 사고 싶어 하는 거지?

사람들이 '너무' 좋아하기 때문입니다.
사람들이 싫어하고 별로 하지도 않는데 국회의원들이 귀찮게 시간
과 노력을 들여가면서 법을 만들 필요는 없을 것입니다. 너무 좋아해
서 정도가 지나치니까, 이러다가 패가망신하겠다. 나아가서는 나라가
망하겠다 싶어서 규제하는 것입니다.
그러면 다음 궁금증으로 넘어가 보겠습니다.

'규제하면 도박이 더 이상 도박이 아니게 되나?'

아니겠죠. 강원랜드나 로또에 규제가 없는 것은 아닙니다. 오히려
엄청나게 많은, 별별 규제가 다 있습니다. 예를 들자면, 로또는 휴대폰
으로 구매가 안 되고 강원랜드에는 테이블 수에도 제한이 있을 정도로
세부적인 규제가 있습니다.

규제해도 여전히 도박은 도박인 겁니다.

'그러면 규제는 무슨 의미지?'

규제하면 사행성이 약해진다고 합니다. 물론 K-게임사는 규제하면 게임이 재미없어진다고 할 것입니다. 아무튼, 사행성은 규제라는 규칙 조정을 통해 강하거나 약하게 조절이 된다는 뜻입니다. 규제를 통해 사행성이 약해진다면, 반대로 해당 기획 요소는 규제가 되기 전까지 과금 유도 효과가 매우 좋았다는 뜻이라고 볼 수 있습니다. 너무 효과가 좋아서 법을 만들어서 막아야 할 정도로 말이죠.

즉, 사행성 규제를 정리하면 우리는 어떤 요소가 어떻게 사행성을 강화 혹은 약화할 수 있는지 알 수 있게 된다고 볼 수 있습니다.

다음으로 누군가는 강원랜드나 리니지 가챠나 똑같은 도박이라고 주장하기도 합니다만, 실제로는 전자는 도박이고 후자는 사행성 '게임'이라고 해서 서로 법적 지위가 판이하게 다릅니다.

간단히 말해 리니지는 게임이어서 게임 심의를 받습니다만, 경마는 게임 심의를 받지 않고 별도법의 관리를 받습니다.

그리고, 소위 고포류(고스톱, 포

전 지나갈게요~

넌 못 가!

너무한데.

커류)라고 불리는 게임들도 엄연히 서비스 중이지만 도박은 아니라고 하여 게임 심의를 받고 게임으로 분류됩니다.

하지만 같은 한게임과 똑같은 규칙으로 포커를 해도 강원랜드에서 하면 게임이 아니라 도박입니다. 이 차이는 어디서 오는 걸까요?

이는 사행 성립에 대한 기준이 있고 거기에 부합하면 사행-도박-이 되고 아니면 아무리 그에 가까워도 사행이 아니라는 판정을 받는다는 뜻입니다.

우선 이 개념을 확실히 해두기 위해 사행성 초등학교는 사행과 사행 성이라는 개념을 엄밀히 구분하여 다룰 것입니다.

사행성 초등학교에서 말하는 사행은 성립 여부를 다루는 O/×의 개념이고, 사행성은 정도-심하다, 약하다-를 말하는 영역입니다.

간단히 말해서 현재 게임법에서 문제로 다루는 '게임'은 '사행(도박)' 은 아니지만 '사행성'이 강한 것이라고 보면 됩니다. 소위 Play2Earn (P2E)라고 하는 게임 방식이 국내에서 금지인 것은 사행성이 강하다 약하다 문제가 아니라 법의 어느 부분에서 '사행'이 성립하기 때문입 니다.

즉, '사행성'이 강해도 법적으로 사행이 성립하지 않으면 여전히 게 임입니다. 반대로 '사행성'이 게임보다 약한 '사행'도 성립합니다.

이렇다 보니 '사행성'이 일정 이상으로 강하면 여기부터는 '사행'에 해당하므로 해당 게임들을 '사행'으로 보고 관련법의 적용을 받게 하 는 게 맞다는 의견과, 그렇지 않고 '사행성'이 아무리 강할지라도 여전히 '게임'으로 보고 게임법을 통해 관리하자는 의견이 나오게 되는 것입니다.

이 구분은 앞으로 계속 나오며 반복 학습할 개념이므로 이 정도로 하고, 우선 초등 과정을 간단히 소개해 드리겠습니다.

초등학교인 만큼 총 6학년 과정으로 이루어져 있습니다.

1학년에서는 '사행'의 성립 기준과 회피법을 다룹니다.

방금 설명한 바와 같이 우리가 다루려는 주제가 로또, 경마가 아닌 사행성 '게임'인 이상 어떤 기준으로 '사행'과 그렇지 않음이 판가름 나는지 확실히 알아둘 필요가 있습니다.

'드래곤 퀘스트' 게임 안에는 시리즈 전통으로 카지노가 등장합니다만, 사람들은 이를 크게 문제 삼지 않습니다. '마리오 파티' 같은 가족용 게임에도 룰렛이 등장합니다만 사람들은 그런 것으로 심의 등급이 올라가면 심의 기관을 비웃기도 합니다. 반면 '공정하게 아이템을 나눠주기 위한 장치'가 들어간 '리니지'에는 사행성이 강하다면서 다들 화를 냅니다. 그 이유를 알아보겠습니다.

2학년에서는 사행 게임 참가자의 심리를 알아봅니다.

패가망신한다는데 왜 사행 게임을 할까요? 다들 바보인 걸까요? 그렇게 생각 할 수도 있지만, 사행성 초등학교에서는 그렇지 않다고 이야기 할 것입니다. 왜냐하면 현재의 사행성 규제를 볼 때, 바보를 기준으로 만든 것 같지는 않아 보이기 때문입니다.

사행 게임 참가자가 어떤 생각과 기준으로 사행 게임 참여 여부를 결정하는지를 알고 나면, 어떤 요소들을 조절하면 사행성이 강해지거나 약해지는지 그 기준이 좀 더 드러나게 될 것입니다.

3학년에서는 사행성 강화 공식을 알아봅니다.

2학년에서 알아낸 참가자들의 심리를 가지고 이를 공식화해봅니다. 그런 후에 해당 공식을 조절했을 때 정말 관련 규제들이 존재하는지를 확인하며 공식이 제대로 된 것인지 검증해 봅니다.

이를 통해 사행성이 막연한 무언가거나 속임수에 속은 바보들이나 하는 것이 아니라 정교한 기획적, 사업적 장치임을 알아볼 것입니다. 오히려 정교한 장치이기 때문에 규칙들을 조절하면 예상할 수 있는 수준에서 사행성을 섬세하게 강화, 약화할 수 있다는 사실도 알게 될 것입니다.

4학년에서는 사행성 게임의 멀티 플레이 설계를 알아봅니다.

온라인 게임은 당연히 멀티 플레이 게임이지만 오히려 너무나 많은 사람이 뒤섞여 복잡하게 돌아가다 보니 여기서 사행성의 규칙을 찾기가 쉽지 않습니다. 그래서 상대적으로 구조가 단순한 빠찡꼬를 가지고 멀티 플레이 구조를 살펴봅니다. 한국에서는 흔히 빠찡꼬가 네트워크 연결 없이 혼자서 자기 앞의 화면만 보는 게임이라고 생각하기 쉬운데, 사실은 그렇지 않습니다. 같은 게임을 수십 대 나란히 놓고 아침에 줄까지 서가며 플레이하는 데에는 이유가 다 있습니다.

그 이유를 살펴보면서 사행성 게임이 얼마나 흥미로운 멀티 플레이 게임이 되는지 알아봅니다. 이를 통해 K-게임의 가챠나 멀티 플레이 설계가 사행성과 어떻게 연결되어 있는지도 살펴봅니다.

5학년은 고학년 과정으로 1~4학년에서 알아낸 기본공식들을 총동원하는 심화 이론을 다룹니다.

1~4학년에서 배운 내용을 종합하면 어떤 요소를 조절하면 사행성을 조절할 수 있는지 알게 됩니다. 이것을 좀 더 세부적으로 나누어 조절하는 가상의 장치, '사행성 이퀼라이저'를 통해서 다채롭게 조절하는 방법을 알아봅니다.

여기까지 보고 나면 베팅 속도가 왜 사행성에 영향을 주는지, 확률 공개가 왜 사행성 완화에는 도움이 되지 않는지를 알 수 있습니다. 반대로 공정하게 확률 공개를 하면 오히려 사행성이 올라간다는 사실까지 알게 됩니다.

6학년에서는 이론을 넘어서 현실의 실제 사례를 확인해봅니다.

일본의 컴프 가챠 규제는 국내의 자율규제와 컴프 가챠 규제 법안에 영향을 미친 중요 사건입니다. 해당 사건은 국내 자율규제나 컴프 가챠 규제 법안에서 참고할 만한 좋은 사례처럼 보이지만 실제로는 그렇지 않습니다. 오히려 그 반대라고 볼 수 있습니다. 금지 규제가 어떻게 사행성에 면죄부를 주는 규제가 되는지를 알아보겠습니다.

이렇게 초등학교 과정을 모두 마치고 나면 게임법과 NFT에 대해 새로운 시각으로 볼 수 있는 준비가 될 것으로 생각합니다.

따라서 중등 과정으로 게임법 전부개정안 다시 보기, 넥슨의 가챠 특허 알아보기, NFT와 블록체인이 가져올 게임 업계의 미래에 대한 실전편을 다루겠습니다.

K-게임의 시장 규모가 워낙 크다 보니 실제로는 사행성을 강화하는 요소이지만 게이머에게는 도움이 되는 것처럼 이야기하거나 실제 효과를 숨겨 포장한 법안이나 뉴스가 많이 나옵니다.

과거 '바다이야기' 사태의 직접적인 계기가 된 '경품용 상품권' 허용 법안도 '사행성을 올리기 위해서'가 아닌 '문화계 발전'을 위해서 진행되었습니다.

1부
초등학교

도박이 아닌 유사 도박 되기

사행 성립 기준과 회피법

오늘은 첫 시간으로 '사행 성립 기준과 회피법'에 대해 알아보겠습니다.

아무래도 제목에 '회피법'이라고 되어 있으니 불법적인 행동을 권장하는 것이 아닐까 걱정하실 수도 있으니 우선 주의 사항을 알려드려야겠네요.

‐ 주의 사항 ‐

사행성과 관련한 사례와 이론을 소개하기 위한 것이며 해당 행동을 권장하는 것은 아닙니다.

향후 법 개정에 따라 법에 저촉될 수 있는 사항을 포함하고 있습니다.

즉, 여러분의 이해를 돕기 위해 회피법이라는 형태로 소개를 하려는 것이지 해당 행동이나 사업 방식을 권하는 것이 아님을 다시 한 번 말씀드립니다.

미리 말씀드리자면 현재 국내 게임의 사행성 관련 연구와 적용 상황은 전 세계에서 독보적이라고 해도 될 정도로 최첨단에 와 있습니다. 그렇다 보니 지금 이 시각에도 발전하고 있는 최신 기법을 소개해 드릴 수는 없고, 제목답게 초등학교 수준으로 기초만 알려드리고자 합니다. 어떤 의미에서는 시대를 타지 않는 기본, 정석을 알려드린다고 할수도 있겠습니다.

그러면 시작해 보겠습니다.

사행·사행성에 관한 공부는 이미 있는 현상들로부터 원리를 거꾸로 찾아가는 과정입니다. 사행성 이론에 관련된 원리를 찾기 위한 현상은 주로 법과 규제입니다.

우선 법과 규제가 왜 생기는지 잠깐 생각해 봅시다.

이유는 간단합니다. 효과가 너무 좋았기 때문입니다. 좋은 효과든,

나쁜 효과든, 효과가 없는데 국회의원들이 시간과 노력을 들여 법을 만들어 규제할 필요가 없습니다. 이를 다르게 해석해 보자면 법과 규제는 효과가 너무 좋아서 패치된 내용의 집합체. 즉, 최고의 사행성 게임 기획서라고 볼 수 있습니다.

따라서 사행성 초등학교의 수업 내용은 사행성 관련 법과 규제의 패턴을 정리해서 쉽게 알아볼 수 있는 간단한 공식으로 만드는 과정이 될 것입니다.

우선 용어 정리가 필요합니다.

사행 ≠ 사행성

뉴스 등을 보면 사행과 사행성을 큰 차이 없는 것처럼 혼용하고 있는데 사행성 초등학교에서는 사행과 사행성을 다른 개념으로 다룰 것입니다.

사행 = 그냥 사행 ≒ 도박
사행'성' = 사행은 '아니지만' 유사하거나 그러한 성질

사행성 초등학교에서 말하는 사행은 '법적'으로 사행에 해당하는 조건을 모두 갖춘 제대로 된 사행이고, 사행성은 조건에 부합하지 않아 사행은 아니지만, 사행과 유사한 것 혹은 그러한 성질을 말합니다.

이 둘을 명확하게 구분하는 것이 중요한 이유는 법적으로 사행으로 확정되는 것과 아닌 것은 큰 차이가 있기 때문입니다.

단적으로 말하자면 규제받는 법의 영역이 달라집니다.

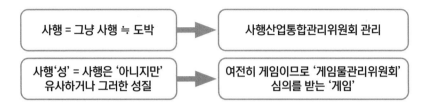

| 사행 = 그냥 사행 ≒ 도박 | → | 사행산업통합관리위원회 관리 |
| 사행'성' = 사행은 '아니지만' 유사하거나 그러한 성질 | → | 여전히 게임이므로 '게임물관리위원회' 심의를 받는 '게임' |

법적으로 사행이라는 판정을 받으면 사행산업통합감독위원회라는 곳을 통해 관련 법의 규제를 받지만, 이유야 어찌됐든 사행'성'이 강할 뿐 '사행'은 아니라는 판정을 받으면 여전히 게임이므로 게임을 심의 하는 기관인 '게임물관리위원회'와 게임법의 규제를 받게 됩니다.

당연한 이야기겠지만 법적으로 '사행'일 경우 사행성에 관해 훨씬 엄격하여 '사행성 게임'일 때보다 훨씬 강한 규제를 받게 됩니다. 세금 도 달라집니다. 하지만 '사행성 게임'일 경우에는 사행이 아니라는 이 유로 훨씬 관대한, 혹은 다른 형태의 규제를 받게 되며 규제의 회색 지 대가 됩니다. 무엇보다 도박 사업자와 게임 사업자는 사회적인 이미지 가 엄청나게 차이가 납니다. 그러니 게임사는 무슨 수를 써서라도 '사 행'이 아닌 '사행성 게임'이 되려고 합니다.

예를 들면 리니지의 경우, 아무리 사 행성 논란이 나와도 여전히 '게임'이어 서 서비스에 문제가 없습니다. 하지만 소위 Play2Earn이라는 게임들은 사행 성이 강해서가 아니라 '사행'이 성립하

도박(사행)과 도박같은 게임은 다르다는 뜻입니다! 기억해주세요!

는 것이 문제입니다. 그래서 게임물관리위원회에서 '게임이 아니'라는 이유로 심의를 거부해서 국내에서 서비스할 수 없습니다. 그래서 P2E 게임을 서비스하려는 측은 국내법을 바꾸자는 이야기까지 나오는 실정입니다.

사행성 초등학교에서는 제목에서도 사행'성'이라고 하는 만큼 사행이 아닌 사행성 게임을 다룰 것이므로 게임물관리위원회의 관리를 받는 '사행성 게임'이 되는 것은 중요합니다.

즉, 어떤 것을 피하면 사행이 아닌 사행성 게임이 되는지 그 경계선을 확실히 알아두는 것이 매우 중요하다는 뜻입니다.

자, 그러면 무엇에 해당하면 사행이고 그렇지 않으면 사행성 게임이 되나?

이를 알려면 우선 사행이 뭔지 정확히 알아야 규제에서 빠져나갈 수 있습니다. 그러니 이제 사행 성립 조건을 알아보겠습니다.

'사행'의 정의는 법에 한 줄로 깔끔하게 정리되어 있습니다.

사행행위 등 규제 및 처벌 특례법 제2조(정의)에 다음과 같이 사행을 정의하고 있습니다.

> '사행행위'란 여러 사람으로부터 재물이나 재산상의 이익(이하"재물들"이라 한다)를 모아 우연적인 방법으로 득실을 결정하여 재산상의 이익이나 손실을 주는 행위를 말한다.

이를 앞으로 회피법 정리를 위해 하나의 긴 문장을 나눠 정리해보면 다음과 같다고 볼 수 있습니다.

사행(행위)란?

① '여러 사람'으로부터

② '재물이나 재산상의 이익'(이하 재물 등)을 모아

③ '우연적인 방법'으로 득실을 결정하여

④ 재산상의 '이익'이나 '손실'을 주는 행위

우선 누구나 다 아는 대표적인 사행 게임인 로또를 생각해봅시다.

로또의 게임 방식을 생각하면서 ①~④를 다시 읽어보시면 '사행'이 무엇인지 명쾌하게 이해할 수 있을 것입니다.

로또는 ① 여러 사람으로부터 ② 돈을 모아서 ③ 6개 숫자 맞추기라는 우연적인 방법으로 당첨을 결정하여 ④ 재산상의 이익(=당첨금)이나 손실(=꽝)을 주는 행위입니다.

법의 기준에 아주 딱 들어맞습니다.

그런데 이 법의 중요한 점은 ①~④ 중 하나만 성립하면 되는 게 아니라 ①~④의 요소 모두 빠짐없이 성립해야 명실상부한 사행이 된다는 점입니다.

이 말은 반대로 사행이 아니고 '사행성 게임'이 되고 싶을 경우, ①~④ 조건 중 하나만 피하면 된다는 뜻입니다.

그래서 비싼 변호사들이 온갖 방법으로 ①~④에 대한 회피법을 많이 발전시켜 주셨습니다. 이를 통해 사행성이 매우 매우 강할지라도 사행은 아닌, 오늘날의 K-게임 업계가 만들어지게 된 것입니다.

이제 한 줄씩 살펴보면서 초등학교 수준의 기초 회피법을 알아보겠습니다.

과학 이론 같은 경우에는 발명자나 발명자의 이름을 붙이기도 하는데, K-게임의 사행성 회피법에 대해서는 누가 발명했는지 잘 알려지지 않았습니다. 그래서 어떤 분이 정립했는지 소개할 수 없는 점은 양해 부탁드립니다.

첫 번째. '여러 사람'으로부터

즉, 두 명이 아닌 한 명만 참여해서는 사행이 성립하지 않습니다.

당연한 이야기처럼 보입니다.

이익을 주려면 여러 사람의 돈을 모아서 한 명에게 몰아주거나 최소한 둘 중 한 명의 돈이라도 가져와야 하는데, 혼자라면 그게 불가능하기 때문입니다. 따라서 ①번 관련으로는 회피법—우리 게임은 멀티가 아니라 싱글 플레이 게임이라고 주장하여 사행이 아니라고 한다는 방법—이 그다지 발달하지 않았습니다.

하지만 여기서 흥미로운 규칙 하나를 발견할 수 있습니다.

혼자 하는 게임인 '싱글 플레이 게임'은 어떻게 해도 '사행'이 될 수 없다는 점입니다. 단, 국내 게임 심의에서는 일반적으로 사행으로 알려진 게임(빠찡꼬, 포커, 카지노 등)을 '모사(표현)'하더라도 '사행성'이 있다고 보기 때문에 심의 등급은 올라갈 수 있습니다. 그래도 여전히 게임이며 사행은 아닙니다.

두 번째. '재물이나 재산상의 이익'(이하 재물 등)을 모아

재물이나 재산에 해당하지 않는 것을 받으면 사행이 아니게 됩니다. 이러면 '우리는 돈을 받은 것이 아닙니다'라고 하면서 빠져나갈 수 있습니다.

예를 들면 아직 재산 인정 여부가 애매한 암호화폐를 받았다고 가정해 봅시다. 이러면 재산을 받은 게 아니라고 주장할 여지가 있습니다. 이래서 해외에서는 암호화폐가 재산인지 아닌지 모호하다는 점을 이용해 정식 도박 사업 라이센스 없이 회색 지대에서 운영하는 도박 사이트들이 많이 있습니다(대부분 국내에서는 접속 불가).

세 번째. '우연적인 방법'으로 득실을 결정하여

이제 슬슬 감이 오시겠죠. 우연적인 방법이 아니고 실력 게임이라고 하면 사행이 아니라고 주장할 수 있게 됩니다.

그런데 대부분의 게임은 100% 실력이거나 100% 운으로 되어 있지 않습니다. 운과 실력 요소가 섞여 있습니다. 유·무료 가챠 섞듯이 어디까지가 실력이고 어디까지가 우연인지 애매할 경우에, 비싼 변호사가 활약을 하여 사행이 아니라는 판정을 받은 경우가 많이 있습니다. 여기가 비싼 변호사들이 회피법을 많이 연구해주신 부분입니다.

'내기 골프는 실력이므로 도박이 아니다', '리니지는 실력 게임'이라는 말을 들어보신 적이 있을 것입니다. 그런 논리의 근거가 이 ③번 항목과 관련이 있는 부분입니다. 그래서 이 ③번에 대해 법률 수정이 필요하다는 의견들도 가끔 나오는 것 같은데 당분간은 바뀔 일이 없어

보입니다.

마지막 네 번째. 재산상의 '이익'이나 '손실'을 주는 행위

이제 말 안 해도 아시겠죠. 재산상의 이익이나 손실을 주지 않았다고 하면 됩니다. 즉, 무언가 주더라도 그게 재산 가치가 없다고 하거나 이익 혹은 손실을 주지 않았다고 하면 됩니다.

④ 항목을 이용한 것의 대표 사례가 K-가챠-유료 확률형 아이템-입니다. 가챠에 소위 '꽝'이 없는 게 이 ④ 항목을 회피하기 위함이라는 건 잘 알려진 사실입니다.

초기 가챠에는 '꽝'이 있었습니다. 이 때문에 '사행성' 논란이 일자 기본적으로 가챠 결제 금액에 해당하는 아이템(주로 소모성)을 주고 추가로 다른 것을 더 주는 형태로 바뀌었습니다. 이러면 물건을 샀을 때 경품으로 추가 선물을 주는 것과 같은 판매 방법이라는 논리를 쓸 수 있습니다. 기본적으로 결제한 것에 대한 가치는 제공했으므로 '손실'이 없으니 사행이 아니라는 겁니다.

하지만 이것은 실물 상품과 게임 아이템 같은 디지털 가상 상품 간의 차이를 이용한 회피법입니다. 실물은 아무리 해도 제조&유통 원가라는 것이 발생하니 일정 가격을 받는 것에 대한 사회적인 공감대가 있습니다. 따라서 판매 가격을 낮추거나 올려받는 데 한계가 있습니다. 하지만 디지털 가상 상품은 일단 만들어놓으면 복사&배포 비용이 '0'에 수렴합니다. 약간 과장하면 추가 생산 원가 또는 추가 제조비가 '0'이라는 뜻입니다.

따라서 게임 아이템의 가격을 얼마를 받아야 하냐는 논란이 있을 수 있습니다. 그러니 게임 내에서 임의로 쓸모없는 소모성 아이템에 10,000원이라고 가격을 정한 후, 이것을 실제 플레이어가 원하는 사행성 아이템 '가'를 위한 참가비로만 작동했더라도 10,000원어치 무언가를 줬다고 주장할 수 있게 되어 꽝이지만 꽝이 아니라고 할 수 있는 겁니다.

아무튼 이 논리를 통해 K-가챠는 딱히 필요하지 않은 소모성 아이템에 비싼 가격을 매기고 꽝에 해당할 때 이 아이템을 주면서 ④번 논리-재산상의 손실을 주지 않음-를 통해 '사행'이 아니라고 할 수 있는 자격을 획득합니다.

혹은 사용자가 별로 원하지 않은 낮은 능력치를 가진 캐릭터나 카드에 가격을 매긴 후, 일단 그 가격에 해당하는 걸 주었다고 하는 방법도 많이 사용됩니다.

자, 이렇게 ①~④에 대한 기본 회피법들을 알아봤습니다.

이제 실전 예제로 사행과 사행성을 병아리 감별하듯 감별해 보면서 어떻게 하면 사행이 아닌 사행성 게임이 될 수 있는지 알아보겠습니다.

우선 로또.

로또는 ① '여러 사람'으로부터 ② '재물이나 재산상의 이익'(이하 재물 등)을 모아 ③ '우연적인 방법'으로 득실을 결정하여 ④ 재산상의 '이익'이나 '손실'을 주는 행위에 모두 해당하므로 사행입니다. 이건 쉽습니다.

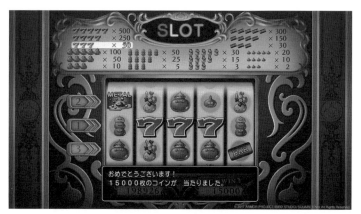

드래곤 퀘스트 게임 내 슬롯 머신

다음으로 드래곤 퀘스트에 나오는 슬롯머신.

이것은 사행일까요, 아닐까요?

사행이 아닙니다.

길게 갈 것도 없이 싱글 플레이 게임이라서 ①번 요소인 '여러 사람'에 해당하지 않습니다. 단, 국내 게임 심의 규정에서는 사행을 모사(표현)해도 사행성이 있다고 판정하기 때문에 심의 등급은 약간 올라갑니다. 일본의 경우에는 모사(도박 표현)에 따른 심의 등급 상승이 없으므로 같은 드래곤 퀘스트 게임일지라도 일본에서는 전체이용가가 되고 국내에서는 12세 혹은 15세 이용가가 됩니다.

예전에는 국내에서 도박 모사에 대한 규제가 강해서 닌텐도의 미니 게임 모음에 화투가 들어있다는 이유만으로 18세 이용가를 받기도 했습니다. 하지만 지금은 그 정도는 아닙니다. 그리고, 18세 이용가라 할지라도 여전히 게임 심의를 받은 사행성 '게임'이며 사행은 아니므로 게임 서비스, 판매에 큰 지장은 없습니다.

반대로 똑같은 드래곤 퀘스트 슬롯머신 게임에 온라인으로 다른 사람들과 같이하는 기능이 들어가거나 게임 내의 점수를 다른 사람에게 줄 수 있는 기능이 생긴다면 어떻게 될까요? 당연히 이야기가 달라집니다.

다음으로 빠찡꼬.

최근 일본의 빠찡꼬는 유명 애니메이션이나 아이돌 캐릭터가 잔뜩 나와서 보기만 해도 기분이 좋아지는 경우가 많은데요.

빠찡꼬는 사행일까요, 아닐까요?

당연히 사행 아니냐 하실 텐데, 아닙니다.

아이돌마스터 빠찡꼬

① '여러 사람'으로부터 ② '재물이나 재산상의 이익'을 모아는 성립하는데 ③ '우연적인 방법'으로 득실을 결정하여 ④ 재산상의 '이익'이나 '손실'을 주는 행위에는 해당하지 않기 때문에 사행이 아닙니다.

이게 무슨 소리냐 하실 텐데, **빠찡꼬는 돈을 주지 않습니다.**

자세하게 설명드리자면 빠찡꼬 게임에 필요한 구슬은 사는 것이 아니고 '빌리는 것'입니다. 빠

찡꼬 안내나 설명 등을 보면 무조건 '빌린다(借りる)'라고 쓰여 있지 절대 '산다(買う)'라고 표현하지 않습니다. 즉, 빠찡꼬 게임용 구슬 혹은 점수를 사는 것은 엄밀하게 따지면 볼링장에 가서 신발이나 공을 '빌리는' 것 혹은 당구장에서 공과 당구봉을 '빌리는' 것과 같은 개념으로 설정되어 있습니다. 말 그대로 게임에 필요한 도구를 빌리는 겁니다.

그다음으로 게임 부분을 보자면, 분명 운 요소가 존재하지만, 완전히 운은 아니고 실력에 따라 점수가 달라집니다. 그러다가 빌린 구슬이 다 소진되면 게임 오버입니다. 일반적인 오락실 게임에서 내 캐릭터가 세 번 죽으면 게임 오버되는 것과 같은 개념입니다.

이 관점으로 볼 경우, 돈을 다 쓰고 게임 오버가 되더라도 빠찡꼬 구슬이라는 게임 점수를 충전하여 재미있게 게임 콘텐츠를 즐긴 겁니다. 즉, 서비스를 이용한 것이지 재산상의 손실이 발생한 것이 아닙니다. 오락실 게임에서 캐릭터 세 번 다 죽었다고 손실이라고 하지 않는 것과 같다는 거죠. 듣고 보니 정말 빠찡꼬가 괜히 오해받은 것 같습니다.

그런데!

어쩌다 보니 구슬이 남은 상황에서 게임을 종료할 경우, 구슬은 게임 도구라 게임장 밖으로 가지고 나갈 수 없습니다. 대신 점수에 따른 경품을 받을 수 있습니다.

돈을 주지 않습니다.

그리고, 이 경품을 근처의 경품 교환소에서 '중고'로 팔아 '현금화' 할 수 있습니다. 하지만! 이 중고를 매입해주는 경품 교환소와 빠찡꼬

경품 교환소 : 요즘은 귀여운 캐릭터가
교환을 해준다.

유명 애니메이션의 IP를 활용한 빠찡꼬

업소는 아무런 관련이 없습니다. 그러니까 빠찡꼬 업소가 재산상의 이익이나 손해를 준 것은 아닙니다.

따라서 빠찡꼬는 사행'성'을 띠는 게임이지 사행은 아닙니다. 이 한 글자 차이가 매우 중요합니다.

빠찡꼬는 사행, 즉 도박이 아니므로 카지노와 다르게 일본 동네나 골목마다 한국 PC방 수준으로 쉽게 업소를 차릴 수 있는 것입니다. 도박이라면 그럴 수가 없겠죠.

이렇게 유명 애니메이션, 게임들이 빠찡꼬로 나올 수 있는 것도 다 빠찡꼬가 법적으로는 사행-도박-이 아니어서입니다.

따라서 지금까지 빠찡꼬가 사행, 즉 도박인 줄 아셨던 분들은 이제 편견을 버리셔야 합니다. 물론 이게 무슨 눈 가리고 아웅이냐고 하실 분도 계시겠지만 아무튼 법적으로 빠찡꼬는 도박이 아닙니다. 그렇다면 우리가 관심을 가지는 '유료 확률형 아이템'이 들어간 게임은 어떨까요?

빠찡꼬와 마찬가지로

① '여러 사람'으로 부터 ② '재물이나 재산상의 이익'을 모아는 성립하는데

③ '우연적인 방법'으로 득실을 결정하여 ④ 재산상의 '이익'이나 '손실'을 주는 행위는 성립하지 않습니다. 그래서 멀쩡히 게임 심의를 받아서 서비스하고 있는 것입니다.

좀 더 자세히 볼까요.

일단 캐릭터와 아이템은 업체에서 소유하고 있고, 사용자는 이용만 하는 겁니다. 캐릭터와 아이템의 사용자 소유권을 인정하지 않습니다.

의심이 된다면 게임사 약관을 보시면 됩니다. 유·무료 아이템&게임머니 등은 서비스 콘텐츠라고 합니다. 위에 이야기한 볼링장 공, 신발 또는 빠찡꼬 구슬과 같은 개념이라는 거죠.

게임사 약관의 예

또한 대법원에서 리니지는 실력 게임이라고 인정한 판례가 있습니다.

(전략) 항소심 재판부는 "게진법 시행령에서 환전을 금지한 게임머니는 '베팅 또는 배당의 수단이 되거나 우연적인 방법으로 획득된 게임머니'이어야 하나, **리니지의 아덴은 이에 해당하지 않는다**"고 밝혔다. 리니지의 경우엔 사행성 게임처럼 우연적 요소보다는 게임참가자의 노력과 시간, 실력에 의해 게임머니 획득여부가 결정된다고 해석한 것이다.

이에 대해 검찰은 상고이유서에서 **"비록 리니지게임의 아덴 획득 과정이 룰렛게임보다 우연적 요소가 적은 것은 사실이나, 포커 등의 게임에서 게임참가자의 노력, 경험 등에 의해 승패가 좌우되는 것과 본질적으로 다를 바 없다."**고 반박했다.

그러나 대법원은 "(원심 재판부가) 채증법칙을 위반하거나 게진법의

본 약관에 나오는 RIOT GAMES 약관:

귀하에게 실제로 허여하는 것은 귀하의 관련 있는 라이엇 서비스 이용과 관련하여서만 가상 콘텐츠를 사용할 수 있는 개인적이고 비독점적이며 양도불가능하고 재라이선스불가능하며 취소가능한 제한적인 권리와 라이선스입니다.

본 약관 상 상충되는 여하한 조항에도 불구하고, 귀하는 귀하의 계정에서 소유권 등 어떠한 재산권도 보유하지 않는다는 점과 귀하의 계정에 대한 일체의 권리가 영원히 라이엇게임즈에게 소유되어 그에게 귀속되고 이익이

법리를 오해한 잘못이 없다"며 전원일치로 검찰 상고를 기각했다.

한국일보 2010년 1월 11일. '사행성 아닌 일반 온라인 게임, 게임머니 현금 거래 무죄 확정' 기사
• 저자 주: 굵은 글씨는 저자가 임의로 표시함

이 판례는 대한민국 게임에 현거래 합법화를 인정한 판례로 매우 유명한 사건입니다. 이 내용에 대해서는 다음에 좀 더 자세히 다루겠습니다만 일단 대법원이 실력 게임이라고 인정 했습니다.

그래서 기사에 나와 있는 대로 검찰 측에서는 그런 논리라면 포커도 실력 게임인 것 아니냐고 했는데 기각되었습니다.

그러니 ③ 우연적인 방법으로 득실을 결정에 해당하지 않습니다.

그리고, 이렇게 얻은 점수나 아이템은 아이템 거래 중개 업체를 통해 현금화할 수 있는데, 이 중개 업체와 게임사는 아무런 관련이 없습니다. 즉, 환전에 게임사가 관여한 것은 없는 것이죠.

그러니까 게임사가 재산상의 이익이나 손실을 준 것이 아닙니다.

빠찡꼬 사례와 게임 사례를 함께 정리하면 다음과 같은 표를 만들 수 있습니다.

빠찡꼬	구슬 빌림	게임 즐김	구슬 남음	경품 교환소에서 현금화
게임	아이템&캐릭터 빌림	게임 즐김	게임머니& 아이템	아이템 거래소에서 현금화
비고	게임에 필요한 콘텐츠&도구 제공임. 환전 보장하는 칩, 마권과 다름	실력 게임임. 운 아님		서비스 주체는 환전과 관련이 없음 = 득실을 주지 않음

그러므로 둘 다 사행'성' 게임이지 사행이 아닙니다.

참고로 혹시나 해서 말씀드리는데 이 구도를 빠찡꼬 업계나 게임 업계가 의도적으로 만들었다고 주장하려는 것은 아닙니다.

이제 지금까지 언급된 주요 회피법을 정리해 볼까요?

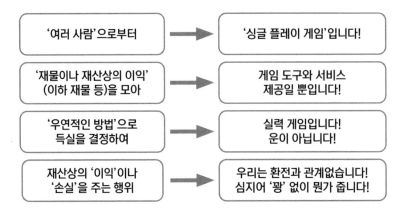

'여러 사람'으로부터	'싱글 플레이 게임'입니다!
'재물이나 재산상의 이익' (이하 재물 등)을 모아	게임 도구와 서비스 제공일 뿐입니다!
'우연적인 방법'으로 득실을 결정하여	실력 게임입니다! 운이 아닙니다!
재산상의 '이익'이나 '손실'을 주는 행위	우리는 환전과 관계없습니다! 심지어 '꽝' 없이 뭔가 줍니다!

이제 위와 같은 회피법 중 최소 하나 이상의 조건을 갖춘 구도에서는 사행이 아닌 사행성 게임이므로 사행 규제를 받을 필요가 없다는 점을 확인했습니다.

이제부터 여러분은 사행 게임의 규칙과 규제라 부르는 효과가 검증된 기획 내용을 가져와서 사행성 게임을 만드는 데 사용할 준비가 되었다고 볼 수 있습니다.

혹은 이미 재미가 검증된 사행 게임의 기획을 그대로 가져온 후, 환전을 우회하게 해주거나 재산이 아닌 형태로 득실을 준다면 사행이 아닌 사행성 게임으로 변화시킬 수 있다는 사실을 알게 됐습니다.

예를 들자면 로또에 약간의 실력 요소를 넣거나 당첨됐을 경우 돈이 아닌 당첨 확인증만 준 후, 제삼자가 환전하게 한다면 사행이 아닌 사행성 게임으로 판정받을 여지가 있습니다.

최신 기술을 써볼까요? 파밍으로 노력해서 얻은 게임 점수를 NFT라는 가치가 없는 증명서로 발급해준 후 이를 관계가 없는 암호화폐 거래소에서 매입하게 한다면? 역시 법원에서 변호사가 활약해볼 여지가 있어 보이네요.

자, 그렇다면 여기서 드는 의문.

빠찡꼬는 가챠 게임과 마찬가지로 사행이 아닌데, 가챠 게임과 달리 왜 이렇게 규제가 많을까요?

빠찡꼬는 사행성이 강해서 규제한 것이지 사행이라고 규제한 것은 아닙니다. 빠찡꼬의 역사가 더 오래됐기 때문에 매를 먼저 맞은 것이라 볼 수 있습니다. 그래서 국내에서 하려는 가챠 규제 내용을 보면 빠찡꼬에서 이미 규제된 것들과 매우 비슷하다는 사실을 알 수 있습니다. 반대로 보자면 국내 가챠 게임은 빠찡꼬와 구성이 비슷한데 상대적으로 규제를 덜 받고 있다고 볼 수 있습니다.

빠찡꼬가 매를 먼저 맞았다고 했는데, 이 말 역시 반대로 보자면 업계 선배로서 많은 분이 재미있는 기획을 많이 내주셨고, 앞에 말한 대로 너무 재미있어서 사행성이 심하다는 이유로 규제가 됐다는 뜻입니다. 즉, 빠찡꼬 규제는 국내에서 아직 쓸 수 있는 효과적인 사행성 기획의 보물창고라는 뜻이 됩니다.

또한 '재미있으면 사행성이 올라가는가?' 혹은 '사행성이 높으면 더 재미있어지는가?' 라고 하는 흥미로운 질문이 추가로 발생하게 됩니다.

이렇게 해서 1학년 과정을 마칩니다. 다음 2학년 과정에서는 사행 게임을 하는 사람들의 심리를 살펴보도록 하겠습니다.

사행성 초등학교 2학년에 들어가기 전에 퀴즈 하나를 내보겠습니다.

빠찡꼬에서 첫 번째로 규제된 시스템은 무엇이었을까요?

힌트를 드리자면 이 책을 읽으실 정도라면 모를 수가 없는 시스템이 며 일반 게임에서 광범위하게 쓰이고 있습니다.

정답은 4학년 과정에서 알게 됩니다.

합리적인 소비라 믿게 만들기

사행 게임 참가자의 심리

1학년에서 사행 성립 조건을 알아봤다면, 2학년에서는 사행 참가자의 심리를 우선 이해한 후, 이를 통해 사행성을 올리거나 내리는 기본 공식을 알아보는 시간을 가지겠습니다.

1학년 요점인 사행 성립 조건과 회피법을 다시 정리해보자면

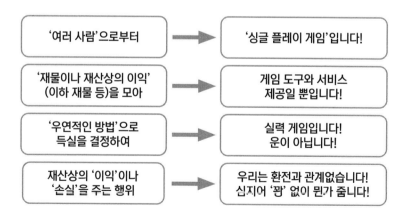

사행 성립 조건		회피법
'여러 사람'으로부터	→	'싱글 플레이 게임'입니다!
'재물이나 재산상의 이익' (이하 재물 등)을 모아	→	게임 도구와 서비스 제공일 뿐입니다!
'우연적인 방법'으로 득실을 결정하여	→	실력 게임입니다! 운이 아닙니다!
재산상의 '이익'이나 '손실'을 주는 행위	→	우리는 환전과 관계없습니다! 심지어 '꽁' 없이 뭔가 줍니다!

위의 조건을 모두 갖춰야 사행이 되므로 이를 피하기 위해서는 위에 소개한 회피법 중 최소 한 가지만 갖추면 된다고 했습니다.

그런데 사행행위 등 규제 및 처벌 특례법을 보면 사행을 정의한 뒤에 다음 이야기로 이어집니다.

---

2. "사행행위영업"이란 다음 각 목의 어느 하나에 해당하는 영업을 말한다.

가. 복권발행업福券發行業: 특정한 표찰(컴퓨터프로그램 등 정보처리능력을 가진 장치에 의한 전자적 형태를 포함한다)을 이용하여 **여러 사람으로부터 재물등을 모아 추첨 등의 방법으로 당첨자에게 재산상의 이익을 주고 다른 참가자에게 손실을 주는 행위를 하는 영업**

나. 현상업懸賞業: 특정한 설문 또는 예측에 대하여 그 답을 제시하거나 예측이 적중하면 이익을 준다는 조건으로 응모자로부터 재물등을 모아 그 정답자나 **적중자의 전부 또는 일부에게 재산상의 이익을 주고 다른 참가자에게 손실을 주는 행위를 하는 영업**

다. 그 밖의 사행행위업: 가목 및 나목 외에 영리를 목적으로 회전판 돌리기, 추첨, 경품景品 등 사행심을 유발할 우려가 있는 기구 또는 방법 등을 이용하는 영업으로서 대통령령으로 정하는 영업

• 저자 주: 굵은 글씨는 저자가 임의로 표시함

이 말은, 여러 사람의 돈을 모아서 모종의 규칙을 통해 누군가에게

몰아주는 것이 '사행'인데 이 과정을 해주는 것을 '사행행위영업'이라 하고, 이 과정을 해주는 사람 혹은 업체는 '사행행위영업자'가 된다는 뜻입니다.

당연한 소리 아니냐? 라고 하실 수 있는데 이게 사행성 공식에 영향을 미칩니다. 일단 돈을 모아서 누군가에게 몰아주는 과정에서 참가자들은 서로 신뢰가 없습니다. 그래서, 사행 업자가 중간에서 게임을 중개해주고 신뢰에 대한 대가로 '수수료'를 받는 것이 사행행위영업의 기본 구조라 볼 수 있습니다.

그렇다면 우리는 이 구조를 통해서 다음과 같이 간단하면서도 핵심적인 공식 하나를 만들어 낼 수 있습니다.

최대 가능 상금 = 전체 참가자의 참가비 총액 – 수수료(율)

즉, 상금은 전체 참가자의 참가비 총액에서 수수료를 뺀 금액을 넘을 수 없습니다. 다시 말하자면 모은 돈에서 수수료 빼고 당첨금을 준다는 겁니다.

상금 줄 돈이 어디 다른 곳에서 나오지 않습니다.

한 번 상상해 봅시다. 만약에 모은 돈에 중개업자 수수료를 뗐는데 상금 총액이 더 커졌다? 이러면 사행이 아니고 훌륭한 사업이 됩니다.

주식 투자가 아무리 도박 같다는 소리를 들어도 도박이 아닌 지점이 바로 여기에 있습니다. 여러 사람의 돈을 모아서 수수료도 뗐는데―

확률의 높고 낮음은 무시하고-모은 돈으로 실행한 사업이 잘되면 모은 돈보다 더 큰 돈을 참가자들이 가져갈 수 있으니까요. 그래서 이 부분이 주식 투자를 아무리 나쁘게 이야기해도 투기라고 하지 도박이라고는 못하는 이유입니다.

다시 규칙으로 돌아가 봅시다.

신뢰가 없는 참가자들 사이의 게임을 중개해주고 신뢰에 대한 대가로 '수수료'를 받는 것이니 사행행위영업에서 매우 중요한 것은 다름 아닌 '공정함'입니다.

만약에 사행에서 '공정함'이 빠지면 어떻게 될까요?

그러면 '사행'이 아니라 '사기'가 됩니다.

즉, '확률형 아이템' 확률 조작의 경우에는 사행 행위가 아니라 사기가 되고 고급스러운 표현으로는 '소비자 기망행위'가 되는데 이 경우는 '사행'이 아니므로 본 내용에서는 다루지 않겠습니다.

요점은 확률 조작 여부와 사행 성립 여부는 관계가 없다는 점입니다.

그러니까 대한민국이 발칵 뒤집혔던 '바다이야기' 사건도 확률을 조작했다고 금지됐던 것이 아닙니다. 확률을 조작했다는 것은 사행 지정과 관계가 없습니다.

| 추첨방법 | 추첨장비 | 비상시 추첨 |

· **추첨방송**

로또 6/45의 추첨방송은 매주 토요일 오후 8시 35분경 MBC방송국 스튜디오에서 생방송으로 진행되며, 추첨을 통해 당첨번호가 결정되고 그 결과를 확인하실 수 있습니다. (주)동행복권과 MBC의 추첨방송 담당자, 경찰관, 방청객들이 지켜보는 가운데 공정하고 투명한 절차를 거쳐 진행됩니다.

방송사	MBC
방송형태	생방송
방송일시	매주 토요일 오후 8시 35분경
추첨기	프랑스 AKANIS TECHNOLOGIES사의 Venus 추첨기 총 3대이며 각각의 추첨기는 다음과 같이 활용 - 추첨용 1대 - 예비추첨용 2대

로또 홈페이지에 '담당자, 경찰관, 방청객들이 지켜보는 가운데 공정하고 투명한 절차를 거쳐 진행'된다고 적혀 있다. 그 어느 게임보다 투명하고 공정하지만 그렇다고 로또가 게임이 되는 것은 아니다.

그러므로 게임사들이 확률 조작을 하므로 도박으로 지정해야 한다는 일각의 의견은 도박에게 실례인 발언입니다.

그러면 말 나온 김에 공정하기로 둘째가라면 서러울 공정 사행 로또를 통해서 사행행위영업을 정리해보겠습니다.

① '여러 사람'으로부터

② '재물이나 재산상의 이익'(이하 재물 등)을 모아

③ '우연적인 방법'으로 득실을 결정하여

④ 재산상의 '이익'이나 '손실'을 주는 행위

로또의 경우, 사행 성립 조건 ①~④에 모두 부합하며 그 과정을 공정하게 처리해주는 사업자가 존재합니다.

최대 가능 상금 = 전체 참가자의 참가비 총액 − 수수료(율)

그리고, 사업자가 수수료를 떼고 당첨금을 규칙에 따라 나눠줍니다.

아까 찾아낸 규칙대로 총상금은 전체 참가자 참가비 총액에서 수수료를 뺀 금액을 넘을 수 없습니다. 사실 넘길 방법이 있긴 한데 초등학교 과정이 아니므로 여기서는 생략하겠습니다.

우선 여기까지가 합법이며 공정한 사행 게임 로또입니다.

로또 홈페이지에 가보면 18세 이상이면 누구나 '건전하게' 즐길 수 있다고 적혀 있습니다.

· 등위결정방법 및 당첨금 배분구조

등위	당첨방법	당첨확률	당첨금의 배분 비율
1등	6개 번호 일치	1/8,145,060	총 당첨금 중 4등, 5등 금액을 제외한 금액의 75%
2등	5개 번호 일치 + 보너스 번호일치	1/1,357,510	총 당첨금 중 4등, 5등 금액을 제외한 금액의 12.5%
3등	5개 번호 일치	1/35,724	총 당첨금 중 4등, 5등 금액을 제외한 금액의 12.5%
4등	4개 번호 일치	1/733	50,000원
5등	3개 번호 일치	1/45	5,000원

· 총 당첨금은 로또 전체 판매액의 50%이며, 42% 이상은 복권기금으로 활용됩니다.
· 1, 2, 3등 당첨금은 해당 회차의 총 판매액에 의해 결정되며, 등위별 해당금액을 당첨자 수로 나누어 지급합니다.
· 1등 당첨자가 없는 경우에는 해당 1등 당첨금은 이월되어 다음 회차 1등 상금에 합산되고, 2등~3등 당첨자가 없는 경우에는 직상위 당첨금에 포함되어 지급됩니다.
· 1등 당첨금의 연속 이월은 2회로 제한되며, 연속 이월 3회째에도 1등 당첨자가 없을 경우 당첨금은 직하위 당첨금에 포함하여 지급합니다.
  다만, 이월 횟수는 정부 정책에 의거 변경될 수 있습니다.
· 4등, 5등 당첨자가 과다하게 발생하여 당첨금이 부족할 경우 별도로 정한 지급률에 의거하여 지급됩니다.

로또 홈페이지의 총 당첨금 규정. 로또의 수수료는 사행 게임 중
매우 높은 편으로 총 상금은 전체 판매액의 50%에 불과하다.

그런데 이 로또는 사행이 가진 업체 수수료 라는 구조 때문에 **고객은 무조건 잃고 업자는 무조건 버는 구조**입니다. 그런데 왜 이런 게임이 잘 되는 걸까요? 잘 나가는 정도 수준이 아니라 너무 좋아서 문제라 패가망신하지 말라는 이유로 규제를 받는 걸까요?

그렇다면 로또를 하는 사람들은 바보? 호구? 뭐 그런 걸까요?

당연히 아니겠지요. 그보다는 이분들이 바보가 아니라고 봐야지만

사행 관련 규제를 이해할 수 있고 그에 따른 공식을 유추해 낼 수 있습니다.

공정 사행 로또 게이머가 여러분들에게 던지는 질문은 다음과 같습니다.

매주 1만 원씩 '로또'에 '투자'하여 10년 내 '20억'을 벌 확률 (*단 원금 손실형 상품)	VS	매주 1만 원씩 '은행'에 '저축'하여 10년 내 '20억'을 벌 확률 (*단 원금 보장형 상품)

현실에 위 두 가지 상품이 존재합니다.

여러분은 어떤 선택을 하실 건가요?

간단히 말해 사행 게이머는 전자를 선호, 혹은 그쪽이 더 합리적이라고 판단하는 일종의 '투자자'들입니다. 매주 1만 원이라고 할 경우, 1년에 대략 50만 원, 10년 모으면 대략 500만 원이 됩니다. 이것을 은행에 넣어두면 아주 약간의 이자는 붙겠지만 거의 제자리일 겁니다. 덤으로 물가 상승으로 인해 10년 뒤에 500만 원의 가치는 더 떨어집니다. 이자율이 물가상승률보다 낮다면 사실상 손해입니다.

이 상황에서 10년 뒤에 500만 원을 더 쥐고 있어봤자 살림살이가 나아지지 않는다고 판단한 투자자들이 원금 손실 우려를 받아들이고 투자하는 거라고 봐야 합니다. 반대로 매달 4~5만 원씩 버린다고 해도 크게 재정적으로 부담이 되지도 않으니까요.

그리고, 로또가 갖은 작전과 사기, 내부자 거래가 판치는 주식이나 코인보다 훨씬 공정하고 안전한 투자처라고 볼 수도 있습니다. 관점에 따라서는요. 게다가 주식, 코인은 돈을 넣어 놓는다고 끝이 아니고 계속 지켜봐야 하고, 공부도 해야 합니다. 이 시간과 노력도 비용으로 생각한다면 상당히 큰 금액일 것입니다.

즉, 로또는 보기에 따라서는 매력적인 투자처입니다.

사행 게이머 = 투자자

자, 그럼 이제 사행 게이머는 투자자라고 가정해 보겠습니다.

그렇다면 사행 게이머 입장에서 보는 사행성은 투자자 입장에서 보는 투자 가치와 같다고 볼 수 있습니다.

사행성 = 투자가치

이 기준으로 본다면 투자가치가 올라가면 사행성도 올라간다는 뜻이 됩니다. 이러한 형태의 투자자는 원금 손실 위험을 이미 감내한 사람들입니다. 그러니 원금 복구 가능성에는 관심이 없습니다.

여기에 추가로 앞에서 밝힌 사행성 기본 공식인

최대 가능 상금＝전체 참가자의 참가비 총액－수수료(율)

에 의해 전체 참가자 모두가 원금을 복구할 방법은 없습니다.

그러면 이제 똑같이 수수료 1％를 떼고 상금을 나눠주는 공정한 사행 게임 2가지를 가정해 보겠습니다.

① 1만 원 내고 99％의 확률로 1만 원 당첨
② 1만 원 내고 1％의 확률로 99만 원 당첨

어느 쪽이든 운영 수수료는 같고 따라서 운영 측에서 지급할 총당첨금은 양쪽 다 99만 원입니다. 이 경우, 사람들은 어느 쪽의 게임에 참여할까요? 그리고 그 이유는 무엇일까요?

누가 봐도 ①을 하지 않고 ②를 할 것입니다.

그 이유는 앞에서 밝힌 대로 원금 손실 위험을 감당하기로 한 상황에서는 투자가치가 얼마나 높냐를 따지지, 99％의 확률로 원금을 회수할 가능성에는 관심이 없기 때문입니다.

이를 통해서 사행성은 원금 보장 가능성 혹은 투자 상품이 가지는 기댓값이 아니라 '최대 수익'만이 중요하고, 추가로 거기에 들어가는 비용을 고려하는 것이라고 정리해볼 수 있습니다.

이것을 간단한 식으로 정리해보면 다음과 같게 됩니다.

사행성 = 투자가치 = 최대 수익(최대 당첨금) − 비용

이 수식대로면 들어가는 **비용은 적은데 최대 수익(최대 당첨금)이 크다면 투자 가치(사행성)를 더 크게 느낄 것입니다.** 반대로 사행성을 규제해야 하는 입장이라고 하면 비용은 올리고 최대 수익(최대 당첨금) 낮게 만들어서 투자 가치(사행성)를 떨어뜨릴 것입니다.

이 기본 개념을 가지고 주요 사행성 관련 규제를 정리하면 다음과 같은 표를 만들 수 있습니다.

사행성 = 투자 가치 = 최대수익 − 비용

금액	배당⇧
	베팅⇧
시간	게임⇩
	환전⇩
노동	물리⇩
	정신⇧

사행성 기본 공식에서 사행성을 강화하는 요소를 가지고 위 표의 각 항목을 조절해봅시다.

1. 금액

1) 배당

최대 배당금은 최대 당첨금을 말합니다. 투자자 관점으로 표현하면 최대 수익이 크다는 뜻이니 배당이 크면 당연히 사행성이 올라갑니다.

2) 베팅

즉, 총참가자가 걸 수 있는 금액이 커지면 모을 수 있는 금액이 커집니다. 그러면 모은 금액에서 운영 수수료를 빼고 상금을 준다는 기본 구조에 따라, 줄 수 있는 최대 당첨금이 커지니까 사행성(투자 관점에서는 투자 가치)이 커집니다.

반대로 베팅에 제한을 걸면 모을 수 있는 금액에 한계가 생깁니다. 그러면 이에 따라 줄 수 있는 최대 상금에 한계가 생기고, 따라서 사행성이 약해집니다. 그래서 대부분의 합법 사행(로또, 경마)에는 베팅 금액 제한이 걸려있습니다. 반면에 게임 쪽에는 월 50만 원 결제 제한이 있었으나, 2019년에 폐지되었습니다.

2. 시간

1) 게임

베팅을 한 후 게임 결과가 나오는 시간이 짧아지면 단위 시간당 투입하는 게임 비용이 늘어납니다. 이러면 단위 시간당 총 모금액(베팅액)이 늘어나니까 (단위 시간당) 최대 당첨금을 더 크게 줄 수 있는 구조가 나옵니다.

반대로 게임 시간이 길어지면 단위 시간당 모을 수 있는 금액도 줄어들기 때문에 결과적으로 줄 수 있는 최대 당첨금도 낮아지게 됩니다. 10연 가챠 연출이나 일반 가챠 연출을 짧게 하면 매출을 늘릴 수 있게 된다는 규칙이 여기서 나오게 됩니다. 물론 가챠는 사행은 아니고 사행성이니까 시간에 관한 규제 법률은 아직 없습니다.

2) 환전

이익 실현을 일부러 늦추는 규제도 있습니다. 이럴 때 당첨이 되었더라도 환금(혹은 효력 발생)에 시간이 걸린다면 당장 손에 들어오는 것이 아니므로 투자 가치(=사행성)가 떨어집니다.

3. 노동

노동은 규제에서 상당히 많이 다뤄지고 있습니다. 노동이라고 하니까 무언가 직접적인 일을 해야 하는 것처럼 느껴질 수 있는데 '노력'이라고 해도 됩니다. 일단 노동 관련 규제가 많은 이유는 아무래도 금액처럼 눈으로 바로 보이지 않다보니 사행성 강화를 위해 우회적으로 발달한 것이 많고, 이런 것들을 막으려다 보니 세부적인 규제가 많이 생겨서 아닐까 싶습니다.

1) 물리

물리(노동)는 직접적으로 사람이 무언가 조작해야 하는 것을 말합니다. 직접 조작해야 하는 부분이 많을수록 시간과 체력이 소모되기 때문에 큰 비용으로 받아들일 수 있습니다. 혹은 지치거나 귀찮아서 못 하게 만들 수도 있습니다. 그러면 참여가 줄고 모이는 금액이 줄어들면서 결과적으로 당첨금이 줄게 되고, 사행성이 약해집니다. 그래서 이런 절차들을 줄여서 간단하게 해주면 사행성이 강화되고, 반대로 일부러 복잡한 조작을 하도록 법으로 강제하게 되면 사행성이 약해집니다.

2) 정신

이 부분이 조금 미묘해서 바로 이해되지 않을 수는 있는데 사행성에서는 굉장히 중요하게 다뤄지는 부분입니다. 여기서 말하는 정신(노동 혹은 노력)이란 '분석하고 예측할 요소'이고, 이것을 넣으면 사행성이 강화된다고 판단해서 규제가 들어갑니다.

즉, 참가자가 분석을 통해 승산이 있다고 믿게 되어 실제 게임의 확률을 무시하게 만들고, 나아가 당첨이 되지 않았을 경우에도 '실력을 키우면 당첨될 수 있다'고 믿게 만듭니다. 그러면 당첨이 되지 않았을 때, 참여자가 지금은 실력을 키우고 있는, 즉, 장기적인 회수 가능성을 올리는 투자 공부 과정이라고 믿게 만드니까 규제 측에서는 사행성이 강화되는 요소라고 보는 것 같습니다.

이렇게 간단하게 주요 요소들을 살펴보았고, 이제 기본 공식이 잘 작동하는지 검증하기 위해 로또의 사행성을 가상으로 한 번 조절해보도록 하겠습니다.

로또의 규칙을 단순화해보면 다음과 같습니다.

1만 원의 참가비를 내면
주 1회 추첨하여
약 800만분의 1 확률로 약 20억 원을 받을 수 있다.

우선 금액만 조절해 봅시다. 아까 기본 공식을 만들 때, 투자자들은 성공 확률은 신경 쓰지 않고 얻을 수 있는 최대 상금만 신경 쓴다고 했습니다.

로또 확률을 다음과 같이 조절해 보겠습니다.

약 800만분의 1의 확률로 약 20억 원

약 80만분의 1의 확률로 약 2억 원

약 8만분의 1의 확률로 약 2,000만 원

아래 규칙일수록 확률이 올라갑니다.

모인 돈(상금 총액)이 같더라도 상대적으로 더 많은 이들이 당첨금을 나누어 가지게 되니까 최대 상금도 낮아집니다. 당첨 확률이 올라갔으니까 사람들이 '오, 이거라면 나도 될 것 같은데?'라고 하면서 더 많이 할까요? 딱 봐도 아닐 것 같습니다.

반대로 확률을 낮춰봅시다.

약 800만분의 1의 확률로 약 20억 원

약 8,000만분의 1의 확률로 약 200억 원

약 8억분의 1의 확률로 약 2,000억 원

을 한 명에게 준다고 합시다.

이 경우, '800만분의 1은 가능성이 있는데, 8억분의 1은 가능성이 없지'라면서 포기하게 될까요?

아니겠죠.

지금 이 책을 보고 계신분 중 로또를 즐기시지 않는 분들마저

'2,000억 원이라면 1만 원 버린 셈 치고 한 번 해볼까?'라는 생각이 들 가능성이 있습니다.

즉, 확률이 낮을수록 사행성이 올라가고 게임이 재밌어집니다.

다음은 시간을 조절해 봅시다.

주 1회 추첨하여
일 1회 추첨하여
월 1회 추첨하여
약 800만분의 1의 확률로 약 20억 원을 받을 수 있다

20억 당첨이 매일 나온다고 하면 조금 더 재미있어지겠지요. 반대로 월 1회 추첨이라고 하면 좀 더 시시해질 겁니다.

환전 요소도 조금 조절해 보겠습니다.

약 800만분의 1의 확률로 약 20억 원을 '1년 뒤에' 받을 수 있다.
라고 해봅시다. 또는,

약 800만분의 1의 확률로 약 20억 원을 '매년 1억 씩 20년 간' 받을 수 있다.

라고 해봅시다.

이러면 당첨 되면 바로 은행으로 달려가서 받을 수 있는 지금과 달리 흥이 조금 식겠죠. 사행성이 약해진 겁니다.

다른 규칙은 그대로 두고, 이제 노동 요소를 조절해 봅시다.

우선 물리적으로 번거롭게 하기 위해서 강원랜드의 전용 창구에서만 로또를 신청할 수 있다고 가정해 봅시다. 반대로 간단하게 하기 위해서 넷플릭스처럼 카드만 등록해 놓으면 자동으로 매주 1만 원이 빠져나가는 형태로 참여하고 당첨 여부가 알람으로 온다고 가정합시다.

(동네 편의점 아무 데서나) 1만 원의 참가비를 내면

(강원랜드에서만 운영하는 전용 접수처에서) 1만 원의 참가비를 내면

(카드 자동 결제로) 1만 원의 참가비를 내면

위와 같은 경우, 어느 쪽을 사람들이 더 많이 할까요?

당연히 카드 자동 결제겠네요. 그러면 참가자 수가 상금에 영향을 주는 로또의 특성상 상금이 올라가는 선순환(?)이 벌어지게 될 것입니다.

이번엔 정신 노동을 조절해 봅시다.

규칙을 약간 바꿔서 '숫자가 중복된 경우는 탈락'시키고 한 명만 선택한 번호 중에서 추첨한다고 해봅시다. 이 경우에는 '다른 사람들이 어떤 숫자를 고를지'를 예측하는 능력이 필요합니다. 어떤 숫자를 고

를 지 예측할 수 있다면 확률이 상당히 올라갈 겁니다. 지금처럼 완전 무작위는 아니게 되는 거죠. 전주에 사람들이 찍었던 숫자들을 분석하면서 다른 사람들이 어떤 수를 찍을지 피하는 재미도 생길 겁니다.

규제에서는 이러면 '다음에는 예측을 잘해야지' 하면서 참여율이 올라간다고 봅니다. 그러면 역시 결과적으로 총참여 금액이 올라가고, 이러면 지급할 수 있는 최대 상금이 늘어나니 사행성이 올라가는 선순환(?)이 발생할 겁니다.

자, 이렇게 해서 기본 규칙을 알아봤습니다. 3학년에서는 이 규칙을 토대로 세부 항목을 자세하게 살펴보도록 하겠습니다.

(3학년)

법의 회색 지대 공략하기

사행성 강화 공식

이제 2학년에서 배운 사행성 기초 공식을 응용하여 사행성을 강화해보는 시간을 가져보겠습니다. 이를 통해 법적으로 사행(도박)으로 판정되지 않는 선에서 최대의 사행성을 만드는 방식을 알아봅니다.

일단 기본 공식을 복습해봅시다.

$$\text{사행성} = \text{투자가치} = \text{최대 수익} - \text{비용}$$

이 공식에서 우리가 주목해야 할 부분은 최대 수익입니다.

최대 수익이 유의미하게 커지면 비용, 확률 따위는 무시하게 된다는 것을 지난 시간에 배웠습니다. 간단히 이야기해서 '최대 당첨금이 엄청 크다'는 구조만 만들면 사행성을 쉽게 강화할 수 있다는 거죠. 그런데 이건 너무 노골적이라 티가 납니다. 바로 바로 규제해야 한다는 이야기가 나올 것입니다. 그래서 직접적으로 당첨 금액을 언급하지 않고 우회적으로 최대 당첨금이 커지는 설계를 하게 됩니다.

그래서 이런 기획들이 고도화가 되면

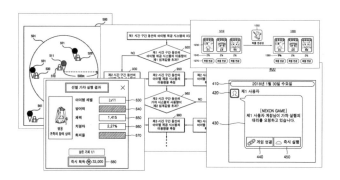

넥슨의 사행성 아이템 관련 특허들

그림과 같은 넥슨의 사행성 아이템 특허 기획들이 나오게 되는 겁니다. 이런 특허는 어느 날 깨달음을 얻어서 나오는 게 아니라 우회적으로 '최대 수익'을 올리려는 기법들이 발달하고 발달한 '응용 사행학'의 첨단이라고 보시면 됩니다. 많은 분이 어떻게든 규제를 피하기 위해, 혹은 티 안 나게 사행성을 올리기 위해 노력한 결과인 거죠.

이제 3학년에서는 직접이 아닌 '우회적으로 최대 당첨금을 올리는' 강화 공식을 알아보도록 하겠습니다.

본격적으로 시작하기에 앞서 복선을 하나 깔겠습니다.

게임물관리위원회 등급분류규정 제3장 제17조(사행성 확인 사항)의 일부를 보겠습니다.

제3장 사행성확인 기준

제17조(사행성 확인 사항) 게임법 제21조 제7항, 동법 시행규칙 제8조 제3항 및 등급분류규정 제16조에 따라 게임물의 사행성 확인을 위해서는 다음과 같은 요소를 종합적으로 고려하여야 한다.

1. 게임의 결과로 얻은 점수 또는 게임머니 등을 직·간접 유통 과정을 통해 현금 또는 다른 유 무형의 경제적 이익으로 제공하는지 여부

2. 예시, 자동진행, 연타 등의 기능이 있는지 여부

3. **게임제공업소용 게임물**로서 다음 각목에 해당하는 게임물

    가. 기술심의의 대상이 되는 게임물의 1시간당 이용금액이 10,000 원을 초과하는 경우

    나. 다음 각 방법을 통하여 가목의 기준을 회피하는 경우
        - 투입금액에 상응하는 누적점수를 강제적으로 발생시키는 방법- 임의로 누적점수를 충전하는 방법
        - 데모(Demo)게임 등을 통해 획득한 점수를 누적점수로 이전시키는 방법- 기타 이와 유사한 형태를 통하여 투입금액 및 누적점수를 발생시키는 방법

    다. 환전이 용이하도록 게임의 결과물 등을 장치를 이용하여 보관하거나 네트워크를 통해 상호 전송하는 경우

    라. 게임법 제21조 제8항에서 규정된 기술심의를 통해 부적합 의견

을 받은 경우

마. 「관광진흥법」에 의한 규율 대상을 모사한 경우(단, 통상적인 이미지와 규칙을 사용하는 고스톱, 포커 등의 경우에는 예외로 함)

바. 경마, 경륜, 경정, 복권, 소싸움 등 관련 법률의 규율 대상을 모사한 경우

게임물관리위원회 등급분류규정 제17조 '사행성 확인 사항'에 같은 게임일지라도 '게임제공업소용 게임물' 즉, 오락실용 게임은 그쪽만 따로 규정이 더 엄격합니다. 그래서 오락실 사업을 하시는 쪽에서는 이것 때문에 억울하다고 하기도 합니다. 일단 그런 항목이 있습니다.

일단 해당 항목에 무슨 내용들이 있는지 잠시 살펴봐 두시기를 바랍니다. 이제 다시 이야기로 돌아와서

사행성 = 투자가치 = 최대 수익 − 비용

기본 규칙에서 최대 수익(당첨금)을 어떻게든 올릴 방법을 생각해 봅시다. 사행 성립 규칙에서 최대 가능 상금 규칙을 어떻게 정리했나요?

최대 가능 상금 = 전체 참가자의 참가비 총액 − 수수료(율)

이라고 했습니다. 즉, 당첨금은 어디서 만들어와서 주는 것이 아닙니다. 다시 이야기하지만, 최대 당첨금은 '모은 돈의 총액을 넘을 수

없'습니다. 예를 들어, 제가 따로 '번 돈'을 참가자 여러분께 나눠드리면 나머지 구조가 모두 똑같아도 사행이 아니라는 점을 앞에서 설명했습니다. 따라서 사행 구조상, 최대 상금을 크게 주려면 전체 참가자의 참가비 총액을 올려야만 한다는 이야기가 됩니다.

당연한 소리 아니냐 하실 수 있는데 사과가 땅바닥으로 떨어지는 것도 당연한 이치지만 이를 공식으로 만들면 다른 이야기가 되는 것처럼, 명확하게 이 규칙을 바닥에 깔고 가는 것은 앞으로의 이야기에 매우 중요합니다.

그럼 최대 가능 상금을 크게 만들면 된다는 이야기가 이제, 전체 참가자의 참가자 총액을 어떻게 올리냐는 이야기로 조금 진도가 나갔습니다.

전체 참가자의 총액을 올리려면 어떤 방법들이 있을까요?

첫 번째. 전체 참가자 수를 늘린다.

참가자가 많아지게 하면 됩니다.

개별 금액이 적어도 참가자의 수가 많으면 결과적으로 돈이 많이 모이겠죠. 반대로 참가자 수가 일정 이상을 넘지 못하게 하면 돈을 모으는 데 한계가 생긴다는 뜻이 됩니다.

그래서, 게임제공업소용 게임물(소위 성인 오락실)이나 빠찡꼬는 '온라인 연결 금지' 규제가 있습니다. 빠찡꼬 회사들이 온라인 연결을 할 줄 몰라서가 아닙니다. (온라인 연결 금지 규제는 2022년 9월 확인한 기준입니다. 일본의 빠찡꼬에서 온라인 연결이 허용될지도 모른다는 루머는 계속 나오고 있습니다) 로또도 온라인 구매에는 각종 제한이 있고 모바일 구매는 지원하지 않습니다. 역시 모바일 결제 기능 만들 줄 몰라서가 아니라는 것쯤은 이제 아실 것입니다. 규제로 막혀있습니다.

자, 그럼 참가자 수 규제가 없는 소위 가챠 게임들은 어떤 제약이 있을까요? 법적으로 참가자 수에 제약은 없지만, 기술적으로 서버 하나에 들어갈 수 있는 인원에 한계가 있는 경우가 있습니다. 물론 서버 인원 한계에 달할 정도라면 상당히 많은 수겠지만 사람 욕심이 그렇지 않죠. 더 많아야 합니다. 한계를 돌파해야 합니다.

그래서 서버 인원이라는 참가자 수 한계를 돌파하기 위해 나온 아이디어가 '서버 통합전'입니다.

서버 통합전

각 서버의 판돈을 모아서 빅 매치를 하는 겁니다. 온라인에 연결도 못 하는 업소용 게임은 배 아파 죽을 만한 기획입니다.

자, 이렇게까지 모았더라도 인간의 수는 무한하지 않습니다. 하지만 인간의 욕심은 무한합니다. 그러니 여기서 또다시 한계를 돌파하려면 어떻게 해야 할까요?

두 번째. 참가비 제한을 없앤다.

한 사람이 낼 수 있는 금액에 제한을 없애면 됩니다. 이러면 역시 모은 돈이 커지고 최대 당첨금이 커집니다. 그래서 업소용 게임에는 결제 제한이 있습니다.

앞에 나왔던 게임제공업소용 게임물 법안을 다시 보실까요? '게임물의 1시간당 이용 금액이 10,000원을 초과' 하면 안 된다고 되어 있습니다. 심지어 시간까지 정해놨습니다. 모을 수 있는 돈의 한계를 정해놓은 겁니다. 그런데 반대로 PC, 모바일은 있던 결제 제한도 2019년에 없애버렸습니다. 업소용 게임 제공업자들은 역시 화를 낼 수밖에 없는 상황입니다.

이제 사람도 모았고 돈도 다 모았다고 합시다. 혹은 사람 수도, 모을 수 있는 금액도, 다 규제로 상한이 정해져 있다고 합시다.

그런데 나는 아직 배가 고프다!

이럴 때 최대 당첨금은 어떻게 올릴까요? 알면 쉽습니다.

세 번째. 확률을 낮춘다.

확률을 낮추면 됩니다.

100명이 1씩 모아서 100을 모은 후 10% 떼고 90을 지급하는 게임에서

당첨자 10명인 경우 VS 당첨자 1명인 경우

앞에서 했던 로또 확률 조정을 기억하실 것입니다. 같은 금액을 수수료 떼고 10명이 가져가게 할 것이냐, 아니면 한 명이 몽땅 가져가게 할 것이냐. 이 경우 당연히 후자의 최대 당첨금이 커집니다.

이러면 '여기까지는 나도 생각했다'라고 생각하시는 분들이 있을 수 있습니다. 앞의 내용을 잘 따라왔다면 충분히 나올 수 있는 결론입니다.

하지만 여기가 끝이 아닙니다. 앞으로 소개할 내용까지 생각해야 100점짜리 답안이라고 할 수 있습니다. 그게 뭐냐?

당첨자가 0명인 경우

당첨자가 안 나오게 만든다!

확률이 너무 낮아서 당첨자가 안 나오게 한다는 방법까지 생각해야 사행성 초등학교 나왔다고 하실 수 있습니다.

당첨자가 안 나오면 어떻게 되냐? '기존 게임에 묶인 판돈은 그대로 놔둔 채 새 게임이 시작되고, 새 게임에 당첨자가 나오면 기존 게임에 묶인 판돈까지 다 가져간다'라고 하면 됩니다.

이러면 자연스럽게 중복 구매가 되니까 한 명이 여러 번 참여할 수 있게 됩니다.

중복 구매 = 참가비 총액 한계 돌파 ⇨ 당첨금 한계 돌파

중복 구매가 되면 참가자 수와 참가 금액에 제한이 있더라도 참가자 머릿수가 늘어나는 효과와 인당 참가비가 늘어나는 효과를 만들어낼 수 있습니다. 거의 만병통치약입니다.

즉, 확률이 낮을수록, 그래서 당첨자가 안 나올수록 게임이 재미있어집니다. 이 방식을 이 동네 업자들 용어로 '이월'이라고 부릅니다.

그래서 로또도 이월 제한이 없었을 때는 나머지 규칙이 같았음에도 불구하고 당첨금이 수백억이 나왔었습니다. 실제 역대 최대 로또 당첨금은 2003년 4월 17일의 407억 원이었습니다. 숫자 6개 맞추면 상금 준다는 규칙은 똑같았지만, 이월 제한이 없었기 때문입니다.

로또가 진짜 '재미있던' 시기였습니다. 연일 로또 관련 뉴스가 나오던 시기였습니다. 온 국민이 매주 손에 땀을 쥐고 로또 결과를 지켜봤었습니다. 그렇다 보니 지금은 패치돼서 로또에는 이월 제한이 생겼습니다.

1등 당첨자가 없는 경우 당첨금은 다음 회차로 이월됩니다.

1등 당첨자가 없는 경우에 해당 당첨금은 다음 회차 1등 당첨금으로 이월되며, 연속 이월은 2회로 제한됩니다.

현재 로또의 이월 제한 '1등 당첨금의 연속 이월은 2회로 제한'되었다.

'당첨자가 안 나오는 것이 훨씬 재미있다'는 것을 규제가 검증해주신 겁니다.

자, 그럼 오늘 배운 내용을 잠깐 정리해 볼까요?

- 최대 당첨금을 올리면 사행성이 강화된다.
- 최대 당첨금을 올리려면 참가비를 많이 모아야 한다.
- 참가비를 많이 모으려면 전체 참가자 수를 늘리고 참가비를 많이 내도록 참가비 제한을 없애면 된다.
- 그리고 확률을 낮춘다.
- 그냥 낮추는 정도가 아니고 '당첨자가 안 나올 정도로' 낮추면 된다.
- 이러면 판돈이 쌓이면서 당첨금이 점차 커진다.
- 그러면서 사람들이 여러 번 참여하니 참여자 수가 늘고, 돈도 많이 내고, 이 과정을 통해 결과적으로 다시 최고 당첨금이 커지는 선순환(?)이 발생한다.

로 정리하겠습니다.

K-게임이 가장 신세 지고 있는 사행성 규칙이 바로 이 부분입니다. 인당 구매 제한이 없으므로 끝없는 중복구매를 유도하여 매출을 올리고 있는 것이죠. 하지만 사행이 아니고 사행성 '게임'이므로 결제 제한이 폐지되었습니다.

PC 게임 쪽에서는 한게임 등 고스톱, 포커류의 문제로 성인일지라도 월 50만 원 결제 제한이 있었습니다. 그러나, 2010년 전후로 스마트폰이 보급되고 모바일 게임 시장이 열렸습니다. 그러자, 게임사들은 기존 규제가 PC에만 적용된다는 것을 이용하여 새롭게 생긴 모바일 게임에서는 결제 제한 없이 사업을 했습니다. 이에 형평성 이야기가 나오자 모바일에 결제 제한을 둔 것이 아니고, PC에서도 결제 제한을 없애는 형태가 됩니다.

• 참고: 결제 제한 폐지는 고포류를 제외한 확률형 아이템 게임에 대한 것이며 고포류 장르에 대해서는 아직 적용되고 있습니다.

이 과정을 통해 수억원 과금자가 나올 수 있는 법적 환경이 마련되고, 조 단위의 매출이 등장하게 된 것입니다.

아무튼, 그러면 3학년 과정은 끝?

ONE MORE THING! 하나 더 있습니다.

위와 같은 규칙이라면 확률을 1억분의 1, 천억분의 1로 끝도 없이 낮추면 되지 않냐는 질문이 나올 수 있습니다. 하지만 확률을 너무 낮추면 사행성이 강한 게 너무 티가 나서 로또처럼 제한이 걸립니다. 게임법전부개정안에도 확률 제한에 대한 내용이 있습니다. 그러면 이럴 때는 어떻게 하면 되냐? K-게임사는 어떻게 할 것이냐?

확률을 쪼갠다

그러면 확률을 쪼개면 됩니다. 소위 '묻고 더블로 가!'를 하게 하면 됩니다. 일단 앞으로 설명할 이야기는 수학적으로 정확한 것은 아닙니다. 그보다는 원하는 효과를 내기 위한 예시라는 점을 양해해 주시기 바랍니다.

원하는 기획이 대략 1/1,000,000의 확률을 가지는 가챠라고 할 경우,

1/100에 당첨되면(얻는 아이템으로) 할 수 있는 가챠가 열리고

다시 거기서 1/100에 당첨되면 할 수 있는 가챠가 열리고

다시 거기서 1/100에 당첨되면 할 수 있는 가챠가 열리고…

를 하면 됩니다. 100분의 1에 당첨되면 그 당첨금 혹은 당첨 결과물을 묻고 더블로 가야 하는 상위 가챠를 만든 후에, 다시 그 당첨금을 묻고 더블로 가야 하는 상위 가챠를 만들면 됩니다.

100분의 1×100분의 1×100분의 1 하는 식인 거죠. 이러면 지나치게 확률을 나쁘게 하면 안 된다고 하는 규제가 있을 경우, 아주 쉽게

우회하여 동일한, 혹은 더 나은 효과를 낼 수 있습니다.

더 나은 효과라 하는 이유는 실질적인 최종 확률이 얼마인지 헷갈리거나 알 수 없게 하면서, 쉽게 당첨될 수 있다고 하는 착시를 일으키는 부가 효과도 있기 때문입니다. 처음부터 1/1,000,000이라고 하는 것보다는 1/100이 결제할 마음이 상대적으로 들기 쉽습니다. 더군다나 중간 당첨 결과물이 그다지 의미가 없다면 그것 자체로는 가치가 없으므로 참가자가 별수 없이 다음 상위 도전을 하도록 등을 떠미는 효과도 얻을 수 있습니다.

어? 이거 어디서 많이 본 것 같은데??

라는 생각이 드시나요? 그렇다면 소위 K-가챠를 좀 해보신 겁니다.

자, 이제 사행 정의 한 줄에서 시작한 이야기가 게임과 별 관계 없어 보이는 로또를 거쳐서 점점 K-가챠 이야기에 가까워지고 있습니다.

여기서 번외 이야기를 한 번 해보겠습니다.

로또를 생각해봅시다. 사실 로또는 당첨금이 20억이라고 대놓고 이야기하지 않습니다. 로또 공식 홈페이지에 가봐도 당첨금이 얼마라고 쓰여 있지 않습니다. 그냥 당첨자가 나왔고 당첨금 계산 기준에 따라 계산해 보니까 그 금액이 대략 20억이 되는 겁니다.

생각해보면 신기한 일일 수 있습니다. 하지만 이제는 매번 상금이 대략 어느 정도 선에서 결정되는 이유를 알게 되셨을 것입니다. 앞에서 말한 이런저런 규칙들을 조절해서 20억 전후가 나오게 만드는 거라는 점을 말입니다.

K-가챠도 마찬가지로 이런저런 기획상의 스위치를 조절해서 여러분이 겪는 어떠한 수준까지 나오게 맞추는 것이라고 보시면 됩니다. 그 부분이 공개 못 한다고 하는, 업체 노하우인 것입니다. 즉, 월 결제 규제도 피할 방법이 있고, 확률 공개, 확률 상한 규제도 사실 이미 회피할 방법이 있습니다.

경쟁 아닌 경쟁 만들기
사행성 게임의 멀티 플레이 설계

지금까지 사행성 기본 공식을 알아보고 이를 강화해보는 과정을 알아봤습니다.

이제 심화 과정으로 들어가야 하는데, 그 전에 사행성 게임의 멀티 플레이 구조를 알아둘 필요가 있습니다.

3학년 과정에서 알게 된 바와 같이 아케이드(소위 성인 오락실) 게임은 네트워크 연결이 금지되어 있습니다. 좀 더 정확히 하자면 모든 네트워크 연결이 금지까지는 아니고 네트워크를 통한 아이템, 점수 등을 전송하는 것이 불가능합니다.

그 이유는 아케이드 게임 개발사가 인터넷 연결을 할 줄 몰라서가 아니라 사행성을 막기 위한 장치라는 것은 다들 기억하실 것입니다(3학년 과정). 그런데 K-가챠 게임은 네트워크 연결을 허용합니다. 그리고, 동시에 참여할 수 있는 인원도 많고 구조도 아케이드 대비 상대적으로 복잡합니다. 그래서 네트워크 연결이 규제되어 있고, 이에 따라 참가할 수 있는 인원도 적어, 상대적으로 구조가 단순한 사행성 게임인 빠찡꼬를 가지고 사행성 게임의 멀티 플레이 구조를 살펴보도록 하겠습니다.

잠깐 복습해 보자면 재미있는 '사행성 게임'이 되려면, 사행 게임 아니고 사행'성' 게임이니까, 사행이 아니라 사행'성'이 되어야 합니다.

그러려면 1학년 사행 성립 기준과 회피법에서 배운 대로

① '여러 사람'으로부터
② '재물이나 재산상의 이익'(이하 재물 등)을 모아
③ '우연적인 방법'으로 득실을 결정하여
④ 재산상의 '이익'이나 '손실'을 주는 행위

중 하나를 회피법 조건에 맞춰서 사행 판정을 피해야 합니다. 이렇게 해서 우선 사행이 아닌 사행'성' 게임이 되었다? 그러면 이제는 사행성을 강화해야 합니다. 이러면 사행성이 아무리 강하더라도 여전히 게임이지 사행은 아니게 됩니다.

그러면 사행성을 어떻게 강화하냐?

사행성 = 투자가치 = 최대 수익(최대 당첨금) − 비용

사행은 손실 위험을 감수한 투자 행위라는 기준으로 나온 위의 기본

공식이 기억나실 겁니다. 사행성은 위의 조건들을 조절하면 강화됩니다.

위 기본 공식에서 가장 확실하고 직접적인 방법은 최대 당첨금을 올리는 것입니다. 그러나, 이 방법은 너무 뻔해서 보통 규제가 걸려 있기에 우회적으로 최대 당첨금이 올라가는 구조를 짜는 방법을 통해 사행성 강화가 이루어진다고 했습니다.

우회적으로 최대 당첨금을 올리려면 참가자 수를 늘리고 참가비 총액을 올려야 하는데 여기에 가장 효과가 좋은 방법이 확률을 낮추는 것이다. 그냥 낮추는 정도가 아니라 당첨자가 안 나올 정도로 낮추면 더 좋다. 그러다가 확률에 규제가 생기면 확률을 쪼개는 방법을 쓰면 된다고 했습니다.

이 과정을 통해 누구나 다 알만한 단순한 규칙의 사행 게임인 로또에서 시작한 이야기가, 꽝 없이 뭔가를 주고, 우회 환전은 되는데 직접 환전은 안돼서 사행성이 아무리 강해도 사행은 아니라고 주장하고 있고, 하지만 뽑은 걸 다시 갈아서 넣어야하는, 첨단 K-가챠까지 왔습니다.

그럼 이제 네트워크 연결이 금지라서 상대적으로 단순한 멀티 플레이 구조를 가진 빠찡꼬를 가지고 사행성 게임의 멀티 플레이 설계를 알아보도록 하겠습니다. 일단 빠찡꼬를 피상적으로 아시는 분들이라면 빠찡꼬의 멀티 플레이라는 말을 들으면 조금 의아하시리라 생각됩니다.

일반적인 일본 빠찡꼬 업소의 모습

국내에는 빠찡꼬가 불법이어서 위와 같은 사진이나 영상으로만 봤을 때 빠찡꼬는 혼자서 즐기는 게임처럼 보입니다. 옆 사람하고 아무 관계 없이 멍하니 화면만 쳐다보면서 대박 터지기를 기다리는 무기력한 게임처럼 보입니다.

그런데 이게 왜 멀티 플레이 게임일까요?

왜 같은 기계를 수십 대나 나란히 가져다 놓는 걸까요?

다음으로 또 신기한 것은 일본 여행 가보시거나 한 분들은 아시겠지만, 사람들이 아침에 빠찡꼬 업소 문이 열리기 전부터 줄 서서 기다리고 있는 풍경이 흔한 일이라는 것입니다. 왜 이렇게 아침부터 줄을 서서 할까요?

게다가 빠찡꼬로 돈 벌어서 먹고산다는 사람들, 소위 쌀먹의 원조인 빠찡꼬 프로, 줄여서 빠찌프로는 진짜로 존재하는 걸까요? 이걸로 고정적으로 벌어서 먹고사는 프로가 있다는 말은 확실하게 고정적으로 버는 방법이 있다, 즉, 빠찡꼬가 운 게임이 아니고 실력 게임이라는 뜻이야? 라는 질문으로 이어지게 됩니다.

　방금 나온 질문들을 정리하면 아래와 같습니다.

　① 혼자 하는 것 같은데 멀티 플레이 게임?

　② 같은 기계가 왜 수십 대씩 나란히?

　③ 아침에 줄은 왜 서나?

　④ 빠찌프로는 가능한가?

　이렇게 크게 4가지로 빠찡꼬에 관한 의문점이 정리될 것 같네요. 이 질문들에 대한 해답을 찾아가다 보면 사행성 게임의 멀티 플레이 구조가 드러납니다. 그러면 빠찡꼬와 K-가챠 게임과의 연결점이 보이게 되시리라 생각합니다.

　문제를 풀기 전에 단서들을 정리해보겠습니다.

　우선 사행성 게임의 기본은

최대 가능 상금 = 전체 참가자의 참가비 총액 − 수수료(율)

　여러 사람의 돈을 모아 수수료를 떼고 누군가에게 몰아주는 거라고 했습니다. 그래서 빠찡꼬의 경우에는 보통 업장 수수료가 15% 정도라고 하는데, 이 말은 100을 기계에 넣으면 85 정도를 손님한테 돌려준다는 뜻입니다. 그 외에 다른 변수도 있는데 우리는 빠찡꼬 업소를 운영하려는 것이 아니라 사행성 구조를 이해하는 것이 목표입니다. 그러니 계산하기 편하게 그냥 업소에서는 10%를 수수료로 제한다고 가정하고 이야기를 진행해 보도록 하겠습니다.

（へ）　役物連続作動装置の1回の作動により特別電動役物が連続して作動する回数が変動するぱちんこ遊技機にあつては、次の式により得られる連続して作動する回数の期待値について、へ（リ）に規定する関係が成立するものであること。

$$N = \sum_{i=2}^{10}(i \times Q_i)$$

ただし

$$\sum_{i=2}^{10} Q_i = 1$$

Nは、役物連続作動装置の1回の作動により特別電動役物が連続して作動する回数の期待値
Ｑｉは、特別電動役物がｉ回連続して作動する確率の値
（ト）　設定ごとに作動確率の値が複数定められているぱちんこ遊技機にあつては、その個数はそれぞれ2を超えるものでないこと。この場合において、次の式により得られる作動確率の期待値について、へ（リ）に規定する関係が成立するものであること。

$$M = \frac{P+1}{\dfrac{P}{MH} + \dfrac{1}{ML}}$$

Ｍは、作動確率の期待値
ＭＨは、作動確率の値のうち高いもの
ＭＬは、作動確率の値のうち低いもの
Ｐは、作動確率の値が高い場合における役物連続作動装置の作動の開始が連続して生じる回数の期待値

빠찡꼬 확률 규제 법안 일부.
수학책이 아니고, 실제 규제가 이렇게 복잡하게 되어 있다.

또한 빠찡꼬의 확률은 위 그림에서 보시는 바와 같이 매우 세세한 수준으로 규제되고 있습니다. 이렇게까지 일본의 빠찡꼬 확률 규제가 세세한 이유는 확률 규제에 대해 지속해서 회피법이 발달하고 이를 다시 땜질식으로 막다 보니 그렇게 된 것입니다.

상황이 그렇다 보니 당첨이 나오는 패턴이 어느 정도 법으로 정해져 있습니다.

그리고, 빠찡꼬는 18세 이상만 출입이 가능한 성인용 게임인데도

심야 셧다운이 있습니다. 지자체별로 시
간은 조금씩 다른데 보통 밤 10~11시
정도에 폐점하여 오전 10시 정도에 여는
것이 일반적입니다.

그래서 게임을 중간에 종료해야 합
니다.

다음으로 당연한 소리 같은데 같은 종
류의 게임은 확률 알고리즘이 모두 완
전히 동일합니다. 온라인 게임에서 같은

빠찡꼬 영업 시간. 각 지자체 별로
시간이 조금씩 차이가 있지만
24시간 영업을 허용하는 곳은 없다.

게임인데 서버별로 아이템 드랍 규칙이 다르다면 난리가 나겠죠? 그
것과 같은 것이라 보시면 됩니다.

즉, 앞의 사진에서 본 일렬로 죽 늘어선 게임들은 모두 같은 확률을
가지고 있는 겁니다.

그럼 지금까지 이야기한 빠찡꼬의 규칙들을 정리해보겠습니다.

① 100 넣으면 90은 반드시 나온다

② 나오는 방식도 법으로 어느 정도 정해져 있다

③ 셧다운이 있다

④ 같은 기계는 알고리즘이 모두 같다

하나하나 읽어보면 딱히 특이한 것도 없습니다. 이 조건들을 가지고

멀티 플레이를 하는 겁니다.

아, 하나 중요한 제약을 빼놓은 것이 있네요.

빠찡꼬는 K-가챠 게임과 달리 ⑤ **오토가 법으로 금지**되어 있습니다.

오토가 금지라는 말은 오토가 있던 시절이 있었다는 뜻이겠죠?

네, 있었습니다.

빠찡꼬 역사 기록을 찾아보면 1953년에 자동 발사기가 개발, 이에 따라 빠찡꼬 붐이 가열되자 사행성을 유발한다고 하여 이듬해인 54년에 금지되었다고 합니다. ❶ 이것이 빠찡꼬 업계 최초의 규제였다고 합니다. 그만큼 오토가 사행성에 큰 영향을 준다는 겁니다.

그러면 오토가 왜 사행성에 영향을 줄까요?

3학년 과정까지 잘 따라오신 분들이라면 쉽게 추측할 수 있을 것입니다. 오토는 사행성 강화에 필요한 여러 가지 요소 중, 물리 노동 비용에 큰 영향을 줍니다. 오토가 되면 돈만 넣어놓고 자리를 비울 수가 있습니다. 이러면 한 명이 여러 대의 기계를 동시에 조작할 수 있게 됩니다. 그러면 참가 가능 인원과 참가비 제한을 우회할 수 있게 됩니다. 한 명이 여러 게임에 참여가 가능해지고, 사용자 한 명 입장에서는 당첨 확률을 돈으로 사서 올릴 수가 있게 됩니다.

이렇게 하면 모이는 금액이 커지니 최대 당첨금도 크게 줄 수 있게

1 위키피디아 - パチンコ#歴史(2023.05.03 기록)

되며 결과적으로 사행성이 강화됩니다. 그래서 빠찡꼬에서 오토 금지 규제가 생긴 것입니다.

빠찡꼬는 대리 플레이도 금지입니다. 그래서 모든 조작은 자기가 직접 해야 합니다. 오토와 마찬가지로 대리가 되면 한 명이 여러 대를 돌릴 수 있기 때문입니다. 그러면 역시 오토와 마찬가지 현상이 발생하면서 사행성이 강화됩니다. 하지만 K-가챠 게임은 오토가 허용이므로 빠찡꼬에서 금지된 기획을 마음대로 사용해도 됩니다.

이제 오토 금지까지 포함하여 총 5가지의 기본 규칙을 확인했으니 본격적으로 빠찡꼬를 즐겨보겠습니다.

일단 빠찡꼬를 왜 할까요?

잘 모르는 사람의 눈으로 보면 번쩍거리고 정신없는 화면이나 쳐다보고 있는 것 같은데 말이죠. 모르는 입장에서 보면 K-가챠 게임도 왜 하는지 알 수 없기는 마찬가지일 겁니다.

그러니까, K-가챠 게임과 마찬가지로 빠찡꼬도 재미있으니까 합니다.

예를 들어, 아이돌마스터 빠찡꼬를 볼까요? 귀여운 아이돌들이 나와서 애니메이션이나 게임에서는 공개한 적이 없는 오리지널 노래와 연출을 보여줍니다. 현란한 화면과 함께 기계 전체가 움직이면서 분위기를 띄워줍니다. 재미있습니다.

여러분이 가지고 있을지도 모르는 편견-빠찡꼬를 하는 사람들은 도

아이돌마스터 빠찡꼬. 귀여운 아이돌들이 나와서
빠찡꼬에서만 볼 수 있는 오리지널 노래와 연출을 보여준다!

박 중독자과 달리, 대부분의 빠찡꼬 게이머는 기본적으로 빠찡꼬로
일확천금하겠다는 생각으로 게임을 하지 않습니다. 애초에 빠찡꼬로
돈을 버는 것은 각종 규제로 인해서 거의 불가능합니다.

그러면 보통 어떤 생각을 가지고 빠찡꼬를 할까요?
'돈 내고 좋아하는 ○○짱의 빠찡꼬 판 오리지널 영상을 보겠다!' 같
은 마음으로 옵니다. 빠찡꼬 게임장에 와서 게임을 하다가 그 장면이
나오면 기쁘게 보고 갑니다. 돈을 내고 ○○짱의 오리지널 영상을 본
거니까 일단 그것으로 만족합니다.
그런데!

빠찡꼬 기계에다가 그 영상을 보려고 100을 넣었는데 어쩌다 보니까 50은 당첨금으로 다시 돌려받았다고 가정해 봅시다. 이러면 결과적으로 50만 써서 ○○짱의 화려한 빠찡꼬 한정 오리지널 영상을 보게 된 셈입니다.

그러면 이때 어떤 생각이 들게 될까요?

'100에서 50으로 줄어서 50을 날렸다!'가 아니라 '100쓸 줄 알았는데 50만 써서 ○○짱의 일러스트나 특별한 영상을 봤다! 기쁘다!'가 됩니다. 즉, 수집형 RPG 플레이어의 마인드와 별로 다르지 않습니다!

만약에 여러분이 한 기계를 독점해서 플레이할 수 있다고 한다면, 반드시 들인 돈의 90%를 돌려받으면서 게임의 모든 연출을 보고 나올 수 있습니다. 법이 그렇게 되어 있습니다. 화려한 연출과 영상을 잔뜩 보여주고도 들인 돈의 90%를 돌려주다니 대단하죠. 착한 게임입니다. 관점에 따라서는 그냥 쓴 돈의 90%를 돌려주는 게임이라고 보면 됩니다.
그런데!
위 이야기는 이론상 그렇다는 것이고 실제로는 그렇게 되기가 어렵습니다. 그 이유 중 가장 큰 것은 한 명이 한 기계를 독점할 수 없다는 점입니다. 독점할 수 없는 구조인 이유는 두 가지입니다.
첫째는 위에서 이야기한 규칙 ③번인 셧다운입니다. 셧다운 때문에 밤이 되면 그냥 중간에 멈추고 집에 가야 합니다.

둘째는 생리현상입니다. 밥은 먹어야 하고, 화장실은 가야 합니다. 이 상황이 되면 자리를 비워야 합니다. 오토 금지, 대리 금지 규칙이 있으니 다른 사람이 자리를 봐줄 수도 없습니다.

그래서 이 규칙들이 합쳐지면서 다음과 같은 현상이 발생합니다.

누군가 100을 쓰다가 50만 받은 상태인데 심야 셧다운이나 화장실 때문에 자리를 비웠다고 가정합시다. 그러면 이 자리는 100 쓰면 90 준다는 (법으로 정해진) 규칙인

$$100(투입) - 10(업소 수수료) - 50(당첨) = 40(남은 당첨금)$$

에 따라 40을 반드시 당첨금으로 내보내야 하는(정확히는 그럴 가능성이 높은) 빈자리가 됩니다. 여기서부터 본격적인 멀티 플레이가 시작됩니다. 이 빈자리를 차지하는 사람이 40을 주워가는 게임인 겁니다. 거기에 더해 각 게임은 규제를 지키는 선에서 언제 당첨금을 내보낼지에 관한 알고리즘을 조절할 수 있습니다. 개발사들에게는 이것이 매우 중요한 노하우—영업비밀—입니다. K-게임사들이 가챠 확률 패턴이 영업비밀이라고 한 것과 마찬가지입니다. 그런데, 같은 기계(게임)는 이미 언급한 대로 같은 알고리즘을 가지고 있습니다.

그러다 보니까 싱글 플레이를 하면서 이 게임(기계)이 어떤 방식으로 돈을 먹었다가 뱉어내는지 패턴을 알아냅니다. 이것을 소위 '공략'이라고 부릅니다.

같은 기계가 여러 대 있으면 내가 이쪽 기계에서 알아낸 공략 방식

일본 빠찡꼬 공략 잡지.
빠찡꼬는 공략이 가능하다.

이 다른 기계에 그대로 통한다는 이야기가 됩니다. 이제 게임의 패턴을 어느 정도 파악했다고 합시다. 그러면 어떤 일이 벌어질까요? 그때부터는 다른 주변 플레이어의 상황을 살피는 플레이를 하게 됩니다. 어느 기계가 돈을 많이 먹고 덜 뱉어냈는지 속으로 계산하는 겁니다.

이걸 꼭 돈이라고 볼 필요는 없습니다. 예측을 잘해서 좋은 다른 자리로 옮기면 OO쨩의 오리지널 연출을 더 적은 돈으로 볼 수 있다고만 해도 성공한 겁니다.

이렇게 내 게임을 플레이하면서 주변 상황을 살피다가 누군가 자리를 뜨면 자리를 옮길 건지, 계속 지금 있던 자리에 있을 것인지 고민하게 됩니다. 그러다가 영업시간 종료(셧다운)가 돼서 모두 나가야 하는 상황이 된다? 그러면 게임 진행 상황이 그 자리에서 모두 멈추게 되는 겁니다. 그러면 이때 눈썰미 좋은 사람들은 계속 주위를 모니터링해서 영업 끝날 시간에 어느 기계가 많이 먹고 아직 내놓지 않았는지 확인하고 나갑니다. 즉, 대박 나기 직전인 자리를 어느 정도 알 수 있습니다.

이러면!

다음 날 아침, 전날 많이 먹고 대박 터지기 직전에 셧다운으로 종료된 좋은 자리를 차지하려면, 문 여는 시간에 줄을 설 수밖에 없게 되는 겁니다.

자, 이제 앞에서 나온 질문들을 잠깐 정리해 볼까요?

① 혼자 앉아서 하는 것 같은데 왜 멀티 플레이 게임인가?

남이 놓고 간 돈 주워 먹기 게임이기 때문입니다. 궁금증 해결.

② 왜 같은 기계를 수십 대씩 나란히 가져다 놓는가?

패턴이 같아야 이쪽 자리에서 했던 주워 먹기 공식이 다른 자리에서도 통하기 때문입니다. 궁금증 해결.

③ 왜 아침에 줄을 서는가?

어젯밤 셧다운 때 체크한, 돈 많이 먹은 기계에 먼저 가서 막타를 쳐야하기 때문입니다. 궁금증 해결.

자, 여기까지 정리하고 아까 봤던 빠찡꼬 업소 사진을 다시 볼까요?

빠찡꼬 업소. 이제는 두뇌 실력 게임으로 보일 것이다.

잘 모를 때는 느긋하게 화면이나 쳐다보면서 시간이나 때우는 것처럼 보였지만, 이제는 게임 알고리즘 패턴을 알아내면서 다른 플레이어의 상황을 살피다가 누군가 놓고 간 돈을 챙겨야 하는, 고도의 두뇌 실력 게임을 즐기는 모습으로 보이실 겁니다.

사진에 계신 분들은 자기 게임만 하는 것이 아니라 다른 사람의 당첨 상황을 살피면서 치열한 눈치 게임을 하는 중인 겁니다. 그뿐이 아닙니다. 상황에 따라서는 자리를 지키기 위해 식사도 거르고 생리 현상도 참을 줄 아는 피지컬이 필요한 게임입니다.

즉, 운이 아니라 분석 능력에 따라서 결과가 달라지고 소변 참기 피지컬도 필요한 실력 게임입니다. 이러면 '우연적인 방법'으로 득실을 결정한 것이 아니니 빠찡꼬는 사행이 아니라고 해야 할 것 같습니다. 이런 논리대로라면 국내에도 실력 게임 빠찡꼬를 허가해야 할 것 같습니다.

그렇다 보니 빠찡꼬는 국내에서 특이하게도 사행 규정에 걸려서가 아니라 별도의 법 조항 '빠찡꼬를 모사하면 안 된다'는 규정을 추가해서 막고 있습니다. 그냥 콕 집어서 빠찡꼬는 안된다는 겁니다. 빠찡꼬 업계에서는 억울할 수도 있겠습니다.

그럼, 이제 마지막 질문.

④ 빠찌프로는 가능한가?를 알아보도록 하겠습니다.

일단 조금 전 내용을 멀티 플레이 게임으로 비유해서 설명하자면 나빼고 모두 적인 소위 프리 포 올(Free for all) 규칙입니다. 같은 편 따위는 없는 배틀 그라운드 솔로 모드 같은 겁니다.

누군가 ○○짱의 빠찡꼬 오리지널 영상을 보겠다고 돈 붓는 것을 옆에서 슬쩍 쳐다보다가 셧다운 걸려서 나간 걸 확인한 후, 다음 날 아침 일찍 와서 주워먹으면 되는 어부지리 메타가 잘 통하는 생존 게임인 셈입니다. 물론 나보다 더 먼저 온 사람이 있다면 빼앗기겠죠. 즉, 아침에 얼마나 일찍 나와야 하는지도 눈치 게임입니다. 다른 사람들이 어떤 결정을 할 것인지, 얼마나 알고 있는지 알 수 없습니다.

이런 상황에서는 혼자서 알아낼 수 있는 공략 정보, 체크할 수 있는 기계 대수도 제한적입니다. 게임을 하면서 주위를 살핀다고 해봤자 한계는 명확합니다. 그리고, 소변&식사 참기 피지컬도 사람인 이상 한

계가 있습니다. 운 좋게 셧다운 시에 좋은 자리를 여러 개 봐 두었다고 할지라도, 사람 몸은 하나이므로 다음 날 아침에 막타는 하나밖에 칠 수가 없습니다. 나머지는 알면서도 다른 사람들에게 넘길 수밖에 없습니다.

이럴 때 배틀 그라운드에서는 뭘 할까요? 네, 티밍(Teaming)을 합니다. 남들이 솔로 플레이할 때 팀을 짜는 겁니다. 이러면 당연히 승률이 올라가겠죠. 그래서 빠찌프로는 혼자서 움직이지 않고 팀 혹은 길드를 만들어서 다닌다고 합니다. 아무래도 팀 플레이가 유리하니까 법적으로는 팀을 짜면 안 된다고 하는데, 사실상 걸릴 일이 없어서 그냥 한다

고 합니다.

팀원들은 두뇌보다는 시간 여유가 많고 소변도 잘 참는 피지컬이 더 중요하니까, 두뇌가 되고-혹은 분석을 즐기고-자금이 있으신 분들이 젊고 한가한 친구들에게 일정 비용을 주고 팀을 짜서 관리한다고 합니다.

리더가 팀원들에게 작전 지시와 함께 자금을 제공하면 그날 셧다운 후에 모여 정산해서 나누어 가지는 식이라고 합니다. 이렇게 단체로 움직이면 약간 예측이 틀려서 한두 명 손해를 봤더라도 전체적으로는 플러스이므로 리스크가 줄어듭니다.

즉, 빠찌프로 길드장이라고 하면 자금력도 있고 분석력도 있고 팀원들을 일사불란하게 이끌어서 전체 운영에서 수익을 내서 팀을 승리로 이끌고 팀원들에게 이익을 남겨줄 수 있는 분인 겁니다. 이 정도라면 빠찌프로 길드장 경력을 이력서에 자랑해도 될 것 같습니다.

그런데!

빠찡꼬를 재미로 즐겨서 돈을 잃었다가 아닌 '잘 즐겼다'고 생각하시는 분들이 남기고 간 금액을 챙겨보겠다는 팀이 당연히 하나만은 아니겠죠. 서버 내에 길드가 하나만 존재해야 한다는 규칙은 없는 것과 마찬가지입니다. 그리고 같은 게임일지라도 업소의 위치나 고객층에 따라서 어디는 유동 인구가 많거나, 오타쿠 큰손이 많기도 하고, 노인 소액 과금만 많은 곳도 있을 수 있습니다. 재미로 즐기는 사람의 비율도 높거나 낮을 수 있습니다. 온라인 게임 도시 서버, 시골 서버 같은 거죠.

그러면 이제 돈 벌 생각 없이 재미로만 즐기다가 가는 분들이 많은 양질의 업소는 힘이 센 길드들이 차지하고 다른 길드들의 접근을 막을 겁니다.

'여긴 우리 사냥터! 딴 길드 접근 금지!'

같은 거죠. 소위 물 좋은 업소라는 사냥터를 가지고 통제가 벌어지는 겁니다.

다음으로 게임의 당첨 패턴은 법으로 정해진 범위 내에서 일정 알고리즘을 가지고 있다고 했습니다. 이것이 각 게임의 개성이자 개발사의 노하우라고 아까 설명했습니다. 그렇다 보니 같은 게임을 계속하다 보면 어느 정도 패턴이 파악되고, 원하는 연출들도 금방 다 볼 수 있게 됩니다. 이렇게 되면 재미로 하시는 분들은 해당 게임에 더 이상 돈을 쓰지 않게 됩니다.

그리고, 패턴이 알려지게 되면 대박이 날 가능성이 높은 자리를 나만 아는 것이 아니니까 레드오션이 됩니다. 모두의 정보 수준이 같아지면 결국 아무도 못 따게 되는 현상이 발생하는 겁니다.

위 두 가지 현상이 합쳐지면 길드 입장에서도, 업소 입장에서도 수입이 시원치 않아지게 됩니다. 그래서 이 시점에 개발사들은 이탈 유저들이 복귀하도록 새로운 기종, 또는 알고리즘과 일부 연출을 업데이트한 버전을 투입하게 됩니다.

이 흐름이 반복되면, 새로운 기종이 나왔을 경우, 먼저 가서 자리를 잡고 길막을 해서 남들보다 먼저 알고리즘을 파악하면 상당히 유리한 고지를 차지할 수 있다는 사실을 모두가 알게 됩니다. 공략 정보를 누구보다 빨리 선점하고 좋은 사냥터도 더욱 쉽게 파악, 통제하면 돈이 된다는 겁니다.

자, 이제 빠찡꼬가 수집형 게임과 길드와 전쟁이 있는 K-MMO 요소가 합쳐진 매우 흥미진진한 멀티 플레이 게임이라는 것을 알게 되셨을 겁니다. 반대로, 수집형 게임과 K-MMO가 빠찡꼬와 얼마나 닮아있는지도 알게 되셨을 겁니다. 그래서 마무리로 이번에 알아낸 것 중에 5학년으로 연결되기 위해 기억해 둘 요소를 정리해 보도록 하겠습니다.

재미.

100을 넣었는데 50이 나왔습니다.

○○짱의 연출을 봤다면 50을 잃은 것이 아니라 100이 들 줄 알았는데 50에 ○○짱의 연출을 본 것입니다. 이익을 본 기분이 듭니다. 게임이 재미있으면 사람들은 돈을 잃었다고 생각하지 않고 돈을 지불했다고 생각합니다. 즉, '게임을 재미있게 만드는 것은 사행성 게임에서도 매우 중요하다'는 사실을 알게 됐습니다.

실력과 길드.

당첨금을 누가 가져갈지가 **'운이 아니고, (게임 분석과 조직 운영 능력 같은) 실력에 맡기면 사행성이 강화된다'**라는, 보기에 따라선 바로 이해하기 힘든 신기한 현상을 빠찡꼬에서 확인할 수 있었습니다.

이해를 돕기 위해 다음 상황을 가정해 보겠습니다.

경마나 스포츠 토토에서 나머지 요소(참가비, 당첨금 등)는 완전히 같은데 분석 요소 없이 완전히 무작위 당첨이라고 한다면, 어느 쪽이 사람들의 더 많은 참여와 베팅을 끌어낼까요?(=사행성이 강할까요?)

그래서 분석이나 팀 플레이 기능이 사행성에서는 규제 항목에 들어가 있습니다. 그러면 이제 5학년에서는 이 기본 규칙들을 가지고 좀 더 심화한 기획 요소들을 알아볼 수 있도록 하겠습니다.

섬세한 강화, 합성해 보기

사행성 이퀄라이저

벌써 5학년이 되었네요. 이제 초등학교 졸업이 얼마 남지 않았습니다. 일단 5학년 과정 들어가기 전에 복선을 하나 깔아 놓겠습니다.

게임법전부개정안이 나와서 한참 난리가 났을 때, 넥슨이 실시간 검증이 가능한 확률 모니터링 시스템을 도입하겠다고 했습니다.❷

해당 기사 본문을 조금만 살펴보자면

> (중략) '확률 실시간 모니터링 시스템'을 도입한다. 이를 통해 유저들이 확률 내용을 쉽게 확인하고, 정상적으로 작동하지 않는 요소가 발견되면 빠르게 조치하는 체계를 마련하고, 관련 시스템을 오픈 API

2 넥슨, 실시간 검증 가능한 '확률 모니터링 시스템' 도입한다
– 게임메카 21.03.05

> 형태로 구축해서 유저도 활용할 수 있도록 할 방침이다.

　라고 되어있습니다. 기사만 봐서는 시스템이 어떻게 작동할지 정확하게 알 수 없지만, 우선 확률 내용을 '실시간'으로 확인할 수 있다고 합니다. 그리고 '오픈 API로 구축'해서 당첨 내역 데이터를 유저들이 활용할 수 있게 한다고 되어있습니다.

　'오픈 API 형태로 구축'이라는 것을 간단히 설명하자면 넥슨의 (가챠 관련) 데이터베이스를 누구나 퍼갈 수 있도록 공개해서 누구나 해당 데이터를 가져가 외부에서 웹페이지나 앱 형태로 깔끔하게 보여주거나 활용할 수 있게끔 해주겠다는 뜻입니다.

　이 시스템 도입 시기에 관해 넥슨은 2021년 초에 발표해서 연내에 도입한다고 했습니다. 그렇게 해서 '넥슨 나우'는 2021년 11월에 사이트를 공개했습니다. 그러나, 실질적으로는 실시간이 아닌 한 시간 간격으로 업데이트되며 그마저도 몇 명이 어떤 식으로 참여해서 어떤 결과가 나왔는지는 알려주지 않는, 기대와 달리 불투명하고 소박한 서비스를 이어가고 있습니다. 그러나, 본 내용에서는 넥슨에서 주장한 바와 같이 '실시간', '오픈 API'가 완전히 적용되었다면 어떻게 될 것인가를 다뤄보려 합니다. 실시간 확률 모니터링 시스템 기사가 일단 복선입니다.

　자, 본론으로 돌아가서 사행성 이퀄라이저라는 개념을 통해 사행성 세부 조절을 해보도록 하겠습니다.

이퀄라이저(equalizer)는 보통 음향 기기의 일부 음역을 강조하거나 감소시켜서 음색을 조절하는 장치를 말합니다. 단순한 소리 크기 조절이 아닌 세세한 조절을 원할 때 이퀄라이저를 사용합니다. 사행성 이퀄라이저는 사행성 구성 요소의 특정 부분을 강조하거나 감소시켜서 사행성을 조절하는 장치로, 여러분의 이해를 위해 만들어낸 개념입니다.

일단 기존에 배운 내용을 상기해 봅시다. 사행성 판정은 사행이다, 아니다 식의 Yes or No의 영역이 있고 사행성이 강하다, 약하다고 하면서 조절이 되는 영역이 있습니다. Yes or No의 영역은 1학년 '사행 성립 기준과 회피법'에서 다룬 바와 같이 사행 성립 조건을 모두 갖췄는지, 아니면 하나라도 피했는지를 통해 판가름 나는 영역입니다. 이 부분은 전에 다룬 바와 같이 기획이나 수치 조절을 통해 판가름 나는 영역이 아닙니다. 비싼 변호사들이 달려들어서 사행 성립 조건 중 하나가 성립하지 않는다고 판사님을 설득해야하는 어려운 영역입니다.

이번에 다룰 이퀄라이저 영역은 법으로 정하는 부분이 아닌, 사행성이라고 판정받은–일단은 게임이라고 확인받은–상황에서 사행성의 정도를 조절하는 것입니다.

'게임물관리위원회'의 등급분류세부기준을 보면 사행성의 정도에 따라 전체이용가에서 청소년 이용불가까지 나뉘어 있는 것을 확인할 수 있습니다. 즉, 사행성은 조절이 된다는 뜻입니다.

게임물관리위원회 판단으로 사행이 아닌 사행'성' 게임일지라도 사행성이 지나치다고 판단되면 등급분류 거부를 하기도 합니다. 게임물관리위원회가 등급분류를 거부하면 무조건 게임심의를 받아야 게임

게임물관리위원회는 '바다이야기'로 인해 출범한 단체여서 사행성에 매우 엄격합니다.

서비스나 판매를 할 수 있는 국내법상 게임 판매 금지를 선고받는 것과 마찬가지 효과를 가집니다. 이 규칙 때문에 민간단체인 게임물관리위원회가 게임에 관해 강한 권한을 가지게 됩니다.

따라서 이퀄라이저를 잘 조절해서 게임물관리위원회가 사행성으로 청소년 이용불가로 등급을 내리되 심의거부는 하지 않는 선 어딘가로 사행성을 조절하는 것은 사행성 게임 개발에서 매우 중요한 문제입니다.

사행성 조절이 된다는 뜻은 어떤 요소들을 건드리면 사행성이 강해지기도 하고 반대로 약해지기도 한다는 것입니다.

그러니 사행성 이퀄라이저는 '문제없어 보이는 것 같은데 결과적으로는 (사행성이 강화되어) 매출을 올린다'는 테크닉의 영역에 해당합니다. 세부적인 이퀄라이저를 조절하려면 우선 2, 3학년에서 배운 사행성 기본 공식과 강화 공식을 상기해야 합니다.

잠깐 관련 내용을 복습해 보자면 사행성은 '투자'이기 때문에 '투자 가치'를 보는 것이라고 했습니다. 그렇다 보니 비용과 리스크를 무시할 만큼 수익이 높으면 모든 것이 해결됩니다. 그래서 수익을 높이거나 비용과 리스크를 감소시키기 위해서는 크게 금액, 시간, 노동에 해당하는 기획 요소들을 늘리거나 줄이면 된다고 했습니다.

또한 4학년에서는 사행성 게임의 멀티 플레이 요소를 이야기할 때, **'재미있으면 사람들은 돈을 잃었다고 생각하지 않고 돈을 썼다'고 생각**한다고 했습니다. 사행에서 '재미'는 굉장히 중요합니다. 돈을 잃었다는 감각을 없애주기 때문입니다.

그래서 대부분의 사행 게임에서는 '일확천금' 같은 부분보다는 '신나는', '재미있는', '화끈한 승부', '예측의 재미' 같은 식으로 재미를 강조합니다. 즐겼다. 실력이 좋아지고 있다. 같은 감각을 주는 것입니다.

그리고, 지난 4학년에서 얻은 중요한 교훈 중에 다른 하나는 일반적인 법으로 알려진 개념들과는 다르게 **'실력' 게임이 되면 도박이 아니게 되는 게 아니라 오히려 사행성이 증가**한다는 점입니다.

빠찡꼬도 '실력'이 좋으면 거의 확실하게 고정적으로 벌 수 있고, 그러다보니 빠찡꼬로 수익을 올려 생활하는 '빠찌프로'까지 존재하지만, 빠찡꼬가 사행성이 없다고 할 수는 없습니다.

또한 '실력'게임이 되면 돈을 잃었다고 생각하지 않고 실력을 키우고 있다고 생각하게 됩니다. 통제할 수 없는 운 때문에 잃은 것이 아니라 실력이 부족해서 잃은 것이 되므로 더욱더 '투자'를 하게 만듭니다. 그래서 일본 빠찡꼬의 경우에는 '실력'게임이 되도록 만드는 요소인 '분석'이나 '팀 플레이' 기획이 사행 규제 대상이 됩니다.

즉, 불확실성이 존재하지만, 어느 정도는 실력으로 불확실성을 통제할 수 있어서 장기적인 관점에서 타인보다 승률이 높으면 벌 수 있게 하여, '불확실성을 효율적으로 통제하면 고정적으로 승리할 수 있다'

라는 게임 플레이를 만들어냈다고 하는 점이 빠찡꼬와 MMORPG의 가장 큰 특징이자 흥미로운 지점이라고 할 수 있습니다.

이제 지금까지 밝혀낸 규칙들을 가지고 세부적으로 조절해볼 텐데요. 표로 정리해 보자면 다음과 같습니다.

구분		항목	약하다	→	강하다	심각
직접		최고배당액	작다	→	크기	무제한
		최고베팅액	작다	→	크다	제한 없음
		당첨률	높다	→	낮다	
		최저베팅액	크다	→	작다	무료
간접	배당 (최대 당첨금)	개인 이월	불가	→	규정 내 가능	무제한
		집단 이월	불가	→	규정 내 가능	무제한
		최대 참가 가능 인원	적음	→	많음	무제한
		연속 당첨(연타, 피버)	불가	→	제한적	무제한
		운영 측 수수료율	크다	→	적다	없음
	베팅 (참가비)	베팅액 조절	불가	→	규정 내 가능	자율
		1회 동시 참가 가능한 게임수	1개	→	많다	무제한
		비용 추가 시 당첨률 변동 한계값	낮음	→	높음	100%까지 가능
		로그 구매 비용	높음	→	낮음	무료
	시간	1회당 게임 시간	길다	→	짧다	즉시 확인
		베팅 절차	복잡	→	간단	자동
		배당(환전) 소요 시간	길다	→	짧다	즉시 지급

물리 노동 (비용)	필요 최소 조작	많다	→	적다	자동(오토)
	필요 참가 시간	길다	→	짧다	
	배당(환전) 절차	복잡	→	간단	즉시 환전
정신 노동 (비용)	로그 분석 가치	낮음	→	높음	절대적
	로그 분석 난이도	높음	→	쉬움	시각화(예시)
	재미	적다	→	많다	

복잡해 보이지만 하나하나 뜯어보면 표 자체는 그렇게 어렵지 않습니다. 대신 실제는 이것보다 조금 더 복잡합니다.

실제가 더 복잡한 이유는 크게 두 가지입니다.

우선 첫 번째로 게임에서라면 여러 요소가 따로따로 기획된 상태에서 맞물려 돌아가기 때문에 만든 개발사에서도 최종 확률이 어떻게 될지 잘 모른다는 말이 영 틀린 말은 아닌 상황❸이 발생합니다.

다음 두 번째로 공식 자체의 문제라기보다는 수면 아래의 회색 지대가 많기 때문에 발생하는 복잡성 문제가 있습니다. 사행성을 올리다 보면 어느 지점에서는 법에 명쾌하게 적혀있지 않아 게임물관리위원회와 협상 혹은 논쟁이 필요한 포인트가 생기기 때문입니다.

그런데 이 부분은 초등학교에서 다룰 영역은 아니기 때문에 자세히 다루지 않겠습니다만, 우선 앞의 표의 기본 공식들을 알아야 변호사와

3 '아이템 뽑기' 확률 공개 움직임에…게임업계 "영업 비밀"(종합)
 - 한경 21.02.15

함께 게임물관리위원회와 대화가 가능하다고 보면 됩니다. 예를 들면 어떤 것을 조절하면 사행성이 늘거나 준다는 것을 이해한다면 '이 요소는 내가 양보할 테니 이거는 늘립시다'라는 식의 협상이 가능해집니다.

나아가 '당첨 상황을 공개해서 회사 이미지도 챙기고 매출도 올린다'같은 전략도 이퀄라이저 내용을 이해하면 무슨 말인지 이해되실 것으로 생각됩니다.

이제 각 항목 설명으로 들어가 보겠습니다.

이퀄라이저의 큰 구분은 지난 3학년에서 구분했던 것과 거의 같습니다.

조절표의 '직접'을 살펴봅시다.

직접 항목은 굉장히 이해하기 쉽습니다. 최고 배당액 같은 것들을 말합니다. 당첨금 제한이 없으면 당연히 사행성이 심각해지는 것이고 베팅도 마찬가지입니다.

당첨률이 낮을수록 사행성이 올라간다는 것도 이미 앞에서 설명했습니다. 낮은 걸 넘어서 당첨이 안 나오는 기획을 넣으면 매우 심각해진다는 이야기를 기억하실 것입니다. 그러니 이 부분도 자세한 설명은 생략하겠습니다.

그러나, 최저 베팅액 부분은 약간 설명해야 할 것 같습니다. 최저 베팅액이란 모든 참가자의 베팅액을 최저로 맞춘다는 뜻이 아니고 얼마나 '적은 돈'으로도 참여할 수 있게 할 것이냐는 뜻입니다.

규제에서는 참가비가 매우 적거나, 무료 참가자를 허용하면 사행성이 증가한다고 봅니다. 무료 참가를 하게 되면 사행성이 엄청나게 강해지는데, 왜냐하면 무료라고 하는 것이 **실제로는 무료가 아니**기 때문입니다. 참여한 순간, 사람의 **시간과 노력이라는 무형 자산**을 건다는 뜻이 되는 것이므로 엄밀하게 보면 **무료가 아닌 매우 낮은 가격으로 참여를 허용**한다는 이야기가 됩니다. 그리고, 이러한 사용자들의 시간과 노력 참여를 주최 측에서는 돈으로 바꿀 수 있습니다.

사행은 아니지만, 무료 참여를 돈으로 바꾸는 예를 들어볼까요? SNS나 유튜브도 무료입니다. 하지만 사람들의 활동 내역을 가지고 광고주에게 개인 정보를 팔아서 엄청난 돈을 벌고 있습니다.

인스타그램이나 유튜브가 현재와 똑같은 사업을 해서 참가자들을 잔뜩 모은 상태라고 합시다. 여기에 '한 해 광고 수익의 1%를 이용자 중 한 분에게 드리겠습니다'라고 하면 참가비 무료의 멋진 사행 게임이 나올 겁니다. 물론 금지되어 있습니다.

로또도 광고를 몇 개 보고나면 무료로 참여할 수 있게 하는 '로또 lite'라는 게 있다면 사람들은 엄청나게 할 것입니다.

즉, **무료 참가 허용이 유료보다 사람을 모으기 쉬워서 되려 총참가비를 늘릴 수 있다. 따라서 이를 허용해주면 사행성이 심각해지며 규제 대상이 된다**는 것을 알 수 있습니다.

그리고, 무료로 참가하고 있는 사람들은 이미 자기 시간과 노력이라고 하는 무형 자산을 쓰고 있는 것입니다. 그래서 무료 참가일지라도 당첨되지 않았을 (대부분의) 경우에 무형 자산 손실이 발생합니다. 그러면 시간과 노력을 쓰면 쓸수록 손실이 누적되므로 손실 복구(들인 시간이 아깝다)를 위해 점점 게임에 빠져들게 됩니다.

참가자들은 무료 참가일지라도 개인의 시간과 노력을 썼고 결과가 없으면 손실이 발생한다고 생각합니다. 이 점 때문에 '손실 회피를 위해 언제든 적극적 참여자로 바뀔 수 있다'라고 하는 점이 이 무료 참가가 가진 아주 강력한 장점(혹은 규제 사항)이라고 말씀드리겠습니다.

정리하자면, 무료로 참여할 수 있게 해주는 것은 사행성에 매우 좋다. 상한 금액이 없게 최고 베팅액을 만드는 것은 매우 좋다. 입니다.

그런데 여기까지는 사실 너무 뻔히 보이는 것이기 때문에 직접적으로 규제를 받는 경우가 많습니다. 그렇다 보니 실제로 사행성 기획 테크닉들이 발달하는 분야는 당첨금 같은 직접적인 요소가 아닙니다. 간접적으로 어딘가를 건드렸더니 여차저차해서 결과적으로 직접 요소가 올라가네? 라는 부분입니다.

사행성 이퀄라이저의 배당 부분부터 보겠습니다.

배당 (최대 당첨금)	개인 이월	불가	→	규정 내 가능	무제한
	집단 이월	불가	→	규정 내 가능	무제한
	최대 참가 가능 인원	적음	→	많음	무제한
	연속 당첨(연타, 피버)	불가	→	제한적	무제한
	운영 측 수수료율	크다	→	적다	없음

이월.

이월은 앞에서 한 번 소개했었습니다. 당첨이 안 나오는 기획이 들어가 있고, 당첨이 없으면 그냥 끝나는 것이 아니라, 다음 게임의 일부로 포함되어 결과적으로 더 큰 것을 받을 확률이 올라간다고 하면 손실이 투자로 느껴지므로 사행성이 올라갑니다. 시쳇말로 '묻고 더블로 가'가 이월입니다.

개인 이월은 이 이월 규칙이 당첨되지 않은 개인에 대해서만 적용되는 것을 말합니다. 예시를 위해 개인 이월을 가지고 로또 규칙을 가상으로 변형해 보겠습니다.

로또에 당첨이 되었을 때, 기존에 얼마나 참여하고 돈을 썼는지 상관하지 않고 그냥 그 회차의 번호만 맞췄는지만 보는 것이 현재 규칙입니다. 이를 변형하여 기존의 참여 내역을 기준으로 당첨 금액을 상향 조정시켜주는 기획이 들어가거나 기존에 참여했던 번호도 인정해서 확률을 상향시켜준다고 합시다. 그러면 꽝은 손실이 아니라 투자이며 언젠가는 당첨될 때 돌려받는다는 기대감에 당연히 더 돈을 쓸 겁니다. 그래서 사행 게임에서는 대부분의 해당 기획이 '저장, 기록 장치 등을 통해 기존 기록을 사용하면 안 된다'는 형태로 막혀있습니다.

그러나, 사행'성' 게임은 사행이 아니기 때문에 허용 되는 대표적인 기획입니다. 그래서, 위와 같은 방식을 수집형 가챠 게임 등에서 많이 들 보셨을 겁니다.

집단 이월.

집단 이월 방식은 온라인 게임 등의 멀티 플레이에서 굉장히 중요한 요소입니다. 내가 실패한 것만 인정하는 개인 이월과 달리 누군가가 당첨에 실패하면 모두의 당첨 금액이나 확률이 상향 조정되는 기획입니다.

주최 측이 이 당첨금을 가져가는 것이 아니고 '다른 사람이 잃은 돈 조차 모두 쌓여있고 당첨된 사람이 다 가져간다'는 개념이 들어가면 허용 수준에 따라 사행성이 엄청나게 올라가게 됩니다.

K-게임으로 예를 들어보겠습니다.

'불꽃의 항아리'라는 게 광장 가운데 누구나 볼 수 있는 위치에 있다고 가정해 보겠습니다. 서버 내 누군가가 강화에 실패할 때마다 항아리의 불꽃 색깔이 짙어지고, 성공하면 다시 원래대로 돌아갑니다. 그리고 색깔이 짙어질수록 강화 성공 시 더 좋은 아이템이 나온다고 가정하겠습니다.

그러면 색깔이 짙어질수록 서버의 분위기가 뜨거워지고, 운 나쁘게 많은 사람이 계속 실패해서 최고 등급의 불꽃 색깔이 활활 타오르고 있다면 관심이 없던 사람들마저 '이때다' 하고 다 뛰어들게 될 겁니다.

어딘가에서 본 것 같은 기획이죠?

이런 기획이 당첨 로그 공유를 이용한 기초적인 집단 이월 사행성 기획이라 보시면 됩니다. 이것 때문에 아케이드 게임 또는 빠찡꼬에서는 다른 플레이어와 기록을 공유하는 것이 금지되어 있습니다.

다음으로 최대 참가 가능 인원.

참가비가 아무리 적더라도 참가자 수가 늘어나면 그에 맞추어 총참가비가 인원수의 곱만큼 늘어나므로 참가비 총액이 커집니다. 총액이 커지면 수수료 떼고 당첨자에게 몰아준다는 기본 규칙에 따라 줄 수 있는 최대 당첨금이 커집니다. 따라서 사행성이 커집니다. 그래서 대부분의 사행 게임들은 최대 참가자 수에 제한을 두게 됩니다. 직접 명시하는 경우도 있지만, 그보다는 보통 물리적인 제약을 둡니다.

단적으로 강원랜드라고 하면 물리적 공간에 대한 접근성을 떨어뜨려서 참가자 수를 줄입니다. 그뿐 아니라 테이블 수에도 제약을 둬서 만석이 되면 더는 참여할 수 없게 합니다. 실제로 강원랜드가 아무리 사업을 잘하더라도 테이블 수를 늘릴 수 없게 규제가 되어 있습니다.

경마 같은 경우에도 온라인으로 생중계 화면을 보면서 누구나 베팅하게 하면 참여자가 당연히 늘겠지만 이 역시 막혀있습니다. 기술적인 문제가 아니라 사행성-참가자가 늘면 사행성 증가-때문입니다.

그러나, K-게임은 당연히 제약이 없습니다. 심지어 서버 인원 제한이 걸리는 것조차도 피하고 싶다면 서버 통합전을 열면 되고, 그것도 부족하면 국가 대항전을 하면 된다는 방법이 있다고 알려드렸습니다.

로또나 복권의 경우, 국내·해외를 막론하고 판매 가능 지역이 정해져 있어서 지역 외에서 구매가 금지되어 있습니다. 다 참가 인원을 제한하기 위한 장치입니다.

그다음으로 흥미로운 방법 중 하나가 연속 당첨입니다. K-게임에서는 잘 사용되지 않는 기법입니다. 당첨금 제한을 우회하기 위해 발달한 기법이기 때문입니다.

규제로 인해 최대 당첨금이 100으로 제한되어 있다고 가정해 보겠습니다. 당첨금이 크면 사행성이 커지기 때문에 어떤 게임 형태에 관해 '100 이상을 주면 안 돼!'라는 법이 생겼다는 가정입니다. 그런데 분위기를 더욱 뜨겁게 하기 위해 운영 측에서 100이 아니라 1,000을 최대 당첨금으로 주고 싶다고 합시다.

이러면 당첨금이 크니까 사람들이 많이 모여들겠죠. 업계의 다른 게임사보다 상대적으로 훨씬 장사가 잘될 겁니다. 어떻게 하면 100밖에 줄 수 없는 규제 안에서 1,000을 줄까요?

100을 10번 주면 됩니다!

한 번 100이 당첨되면 그 뒤에 추가로 연속 10회 계속 당첨이 된다…라는 방법입니다. 어쨌든 1회에 100을 준다는 규제는 지킨 거죠. 이 방식은 당첨금 제한이 엄격한 빠찡꼬에서 발달한 기법입니다. 이렇게 하면 최대 당첨금을 우회적으로 올려줄 수 있습니다.

그런데 K-게임은 최대 당첨금 규제가 없기 때문에 잘 쓰이지 않는

데, 향후에 관련 규제가 생긴다면 이런 방법을 이용하게 되리라 예측할 수 있습니다.

이제 운영 수수료율 부분을 봅시다. 운영 수수료도 뭐 당연한 이야기겠지만 수수료가 낮으면 당연히 운영사가 가져가는 게 적어집니다. 그러면 원본에 가까운 돈이 모이므로 수수료가 클 경우에 비해 상대적으로 당첨금이 올라갑니다. 반대로 수수료가 높아지면 최대 당첨금이 낮아집니다. 그래서 수수료율을 가지고도 사행성을 조절할 수 있습니다.

간단하게 로또에서 나머지 규칙은 지금과 똑같은데 운영 수수료를 현행인 40~50%에서 10%로 줄인다고 가정하면 동일한 돈이 모였더라도 당첨자에게 지급할 수 있는 상금액이 커집니다. 따라서 최대 당첨금이 커집니다. 최대 당첨금이 커졌기 때문에 안 하던 사람들까지 뛰어들면서 전체 참가자가 늘어납니다. 그러면 참가비가 또 늘어나고 당첨금이 또 커지는 선순환이 일어납니다. 밑도 끝도 없는 대박의 행렬이 벌어질 겁니다.

즉, 업체가 착해서 수수료율을 낮추면 사행성이 강해진다는 재미있는 현상이 벌어집니다. 그러니 운영 수수료도 규제의 대상이 됩니다. 수수료를 많이 받으라고 강제해야 하는 겁니다. 또는 사행 산업 세율을 올려서 당첨금을 낮추는 방법이 사용되기도 합니다.

이렇게 해서 배당(최대 당첨금) 관련 조절 요소를 알아보았습니다.

이제 참가비(베팅) 부분을 알아보겠습니다.

베팅 (참가비)	베팅액 조절	불가	→	규정 내 가능	자율
	1회 동시 참가 가능한 게임수	1개	→	많다	무제한
	비용 추가 시 당첨률 변동 한계값	낮음	→	높음	100%까지 가능
	로그 구매 비용	높음	→	낮음	무료

베팅액 조절.

참가비를 최저 무료에서 최고 무제한까지 자유롭게 조절할 수 있게 하면 사행성이 증가합니다. 예를 들자면 로또에서 무료 참가(광고 시청)를 허용하되 무료 참가자는 숫자를 6개가 아니라 7개, 8개를 맞춰야 한다고 가정합시다. 그리고, 유료 참가자에게 1인 10만 원 결제 한도를 없앤다고 해봅시다.

그러면 무료 참가자의 광고 시청 수익과 고액 참가자의 추가 수익이 합쳐져서 최대 당첨금이 끝도 없이 올라갈 것이고 순식간에 안 하는 사람을 찾기 힘든 상황으로 갈 겁니다.

K-게임에서 월 결제를 폐지하고 월 결제 제한을 없애는 것도 이런 맥락에서 보면 아주 정확한 사행성 강화 흐름이라고 보면 됩니다. 하지만 K-게임은 사행이 아니고 사행'성' 게임이므로 역시 참가비 관련 규제가 없습니다. 무료로 참여할 수 있고 참가비 상한이 없는 것이 K-게임입니다.

1회 동시 참가 가능한 게임 수.

딱 보면 무슨 소리인가 할 수 있는데 딱 봐서 무슨 소리인지 모르는 것들이 중요합니다. 바로 이해할 수 없으면 이슈화가 되지 않아 조용히 사행성을 올릴 수 있기 때문입니다.

우선, 참가비는 너무 뻔히 보이는 요소이므로 제한이 걸리는 경우가 대부분입니다. 그래서 이걸 우회하여 한 명이 동시에 여러 게임을 참여할 수 있게 하면, 총참가비가 늘어나서 결과적으로 최대 당첨금을 늘릴 수 있고, 결과적으로 사행성을 올릴 수 있습니다. 그렇다 보니 빠찡꼬를 비롯한 게임 대부분은 한 번에 여러 게임을 할 수 없도록 오토가 법적으로 금지되어 있습니다. 하지만 K-게임은 사행이 아니라 사행성 게임이므로 괜찮습니다. 그래서 동시 참가 게임 수 요소를 강화하려면 어떻게 하면 되냐? 여러 계정을 돌리기 좋도록 오토를 지원하고 여러 캐릭터를 키우면 혜택이 커지도록 기획하면 됩니다.

K-게임이 진화하는 방향과 유사하다는 생각이 들지 않으시나요?

여기서 주의해야 할 점은 제가 모든 게임에서 오토가 없어야 한다고 말하려는 것은 아닙니다. 그러니 그 부분은 오해 없으시길 바랍니다.

비용 추가 시 당첨률 변동 한곗값이라는 긴 이름의 항목이 있습니다. 비용을 추가하면 당첨률을 상승시킬 수 있다고 하면 참가비를 더 내려는 사람이 존재할 겁니다. 이러면 역시 총참가비가 늘어납니다. 결국 총당첨금이 늘어나게 되어 사행성이 증가합니다.

이건 K-게임에서는 거의 당연하게 들어가거나 들어가면 좋아하시는 기능이라고 볼 수 있습니다. 좋은 소리 들으면서 사행성을 증가시킬 수 있는 기획입니다.

천장이 없다고 해서 당첨률 변동이 없는 것은 아닙니다. 왜냐면 천장이 없을지라도 연속 시행 확률이란 걸 따져보면 결국 언젠가는 당첨되게 되어 있기 때문입니다. 따라서 당첨될 때까지 비용을 추가한다는 전략을 취하면 당첨률이 상승하고 어느 시점에는 당연히 당첨이 발생합니다. 이것이 소위 핵과금의 기본 구조입니다.

만약에 이걸 규제해서 어떤 가챠일지라도 한 사용자가 3회 이상 시도하면 안 된다는 규제를 넣는다고 합시다. 그러면 상당히 이야기가 달라질 것입니다. 사람들은 훨씬 더 신중하게 가챠를 시도할 것이며 그에 따라 사행성이 낮아질 것입니다.

물론 K-가챠는 그런 거 없고 앞으로도 없을 것 같다고 생각합니다. 만약에 그런 규제가 생긴다고 해도 가챠의 종류를 늘린다! 라는 기법이 등장할 것입니다. 그러면 또다시 이에 대한 규제로 종류에 관계없이 1인이 1개월에 시도할 수 있는 가챠 횟수 제한 규제가 생기는 식으로 발전(?)해 나갈 것입니다.

베팅 요소 중에 마지막으로 '로그 구매 비용'이라는 개념이 있습니다.

이를 조금 다르게 표현하면 '당첨 내역에 대한 정보 접근 비용'으로 설명할 수 있습니다. 당첨 내역 정보가 불투명할수록 참가자들이 게임 참가를 꺼리게 되기 때문에 이 정보를 값 싸고 알기 쉽게 제공할수록 공정하며 승산이 있다고 판단한 사람이 늘어나서 참가자가 늘어나게 됩니다. 이러면 결과적으로 돈이 많이 모이고 상금이 커지며 사행성이 커지는 선순환이 발생합니다.

여러분이 혹시 가지고 있을 수 있는 편견과 달리 **공정하고 투명하다면 사행성이 증가**하는 것입니다. 따라서 사행성 규제에서는 다른 참가자의 선택이나 당첨 정보 제공에 제약을 둡니다.

5학년 도입 부분에 언급한 넥슨에서 한다는 투명한 당첨 내역 공개가 여기에 해당하는 테크닉입니다. 이것은 이퀄라이저의 정신 노동 부분에서 중요한 요소이므로 해당 부분에서 자세하게 설명하도록 하겠습니다.

이제 시간 요소로 넘어가 보겠습니다.

	1회당 게임 시간	길다	→	짧다	즉시 확인
시간	베팅 절차	복잡	→	간단	자동
	배당(환전) 소요 시간	길다	→	짧다	즉시 지급

시간도 사행성에서 굉장히 중요합니다. 왜냐면 대부분의 사람들이 당첨금이나 당첨 확률에만 관심을 가지지 시간을 간과하기 때문입니다. 그렇다 보니 시간에 관련된 내용을 조절하면 티 안 나게 사행성을 올리기가 쉽다는 장점이 있습니다.

1회 참가비가 커서 선뜻 결정을 못 할 경우, 시간을 잘게 쪼개버리면 결과적으로 '**동일 시간 내에 내는 금액은 똑같은데 체감상으로는 적은 금액을 쓰고 있다**'고 믿게 만들 수 있습니다.

예를 들자면, 베팅 금액을 1개월에 100만 원으로 만들고 싶다고 합시다. 이 경우, 1개월 1회 100만 원이라고 하면 부담스러워서 시도 자체를 꺼립니다. 하지만 1회 시도에 1,000원이라고 한 후, 한 게임 시간을 짧게 여러 번, 여러 개 돌릴 수 있게 하면 체감 부담이 낮아지고, 결과적으로 100만 원어치를 돌리게 하여 참가자와 참가금을 올릴 수 있습니다.

이제 상세 항목으로 들어가 봅시다.

1회당 게임 시간.

한 게임당 시간을 줄이면 단위 시간당 투입할 수 있는 참가비가 바뀌고 총당첨금이 커져서 사행성 증가에 큰 영향을 미칩니다.

예를 들어 일주일에 한 번 참여 가능한 로또를 매일 참여 가능한 로또로 규칙을 바꿔봅시다. 어느 쪽이 총참가비가 커질까요? 답은 뻔하겠네요. 반대로 심지어 매주 추첨일지라도 개인의 참여는 한 달에 한 번밖에 참여할 수 없다는 규칙을 추가했다고 하면 사행성이 확 줄어들 겁니다.

그래서 국내 아케이드 게임에서 바다이야기 시절에 '한 게임에 4초

이상이 걸릴 것'이라는 규제가 있었습니다. 여기서 한 게임은 릴이 돌아간 후 멈춰서 어떤 결과를 보여줄 때까지를 말합니다. 저도 처음에는 이게 뭔 소린가 했는데 1회 게임당 금액이 같다면 결과가 빨리 나올수록 시간당 투입 금액이 커지니 이것을 막기 위한 규제였던 겁니다.

좀 더 설명하자면, 한 게임에 4초가 걸리면 아무리 빨리해도 1시간에 시도할 수 있는 게임 횟수가 제한됩니다. 여기에 한 게임 당 낼 수 있는 금액을 제한한 추가 법률과 맞물려 한 시간에 넣을 수 있는 총투입 가능 금액이 제한되는 곱셈법이 나오게 되는 규제인 겁니다.

반대로 게임 속도가 빨라지게 해서 4초 규제가 아니라 한 게임 당 1초 만에 결과가 나오는 것을 허용했다고 해봅시다. 이러면 한 게임당 비용이 똑같아도 한 시간에 4배 더 많은 돈을 받을 수 있고 4배 너 큰 돈을 상금으로 줄 수 있게 되니 사행성이 강화됩니다.

그래서 K-가챠의 10연 가챠 같은, 가챠 까는 연출 시간을 줄여주는 기획이 이런 것들의 연장선이라고 보시면 됩니다.

더 나아가면 K-게임에는 시간 관련 규제가 없다는 점을 이용한 테크닉으로 이런 것들도 생각해 볼 수 있습니다. 동일한 확률의 가챠인데 서버의 제한된 숫자의 아이템을 먼저 당첨된 사람이 가져가는 가챠라고 합시다. 실제로도 많이 있죠. 그러면 가챠 속도 부스트 상품이 있다고 할 경우, 고액 과금자들이 거기에 돈을 쓸까요? 안 쓸까요? 당연히 쓸 것입니다. 사실 이미 유사한 일들이 많이 벌어지고 있습니다.

이 1회 게임 시간 개념은 꼭 대놓고 이야기하지 않더라도 K-게임의 사냥터에서 거의 동일하게 작동하고 있습니다. 사냥터에서 좋은 무기를 쓰거나 부스트를 쓰면 아이템 드랍 속도를 올릴 수가 있습니다. 동일 확률 아래에서 단위 시간당 좋은 아이템이 나올 확률을 올리는 것입니다. 이미 여기에 사람들은 굉장히 많이 돈을 쓰고 있습니다.

즉, 시간이 빨라지면 돈의 흐름이 빨라져 사행성이 강화된다고 보면 됩니다.

이제 베팅 절차를 보겠습니다. 이것도 1회당 게임 시간과 마찬가지입니다.

전에 언급한 바와 같이 베팅 절차도 사행성에 큰 영향을 줍니다. 빠찡꼬에서 처음으로 규제된 것이 자동 발사 기능, 즉, 오토라고 한 것을 기억하고 계신가요? 이제 어느 정도 예상되시겠지만, 빠찡꼬에서는 구슬 발사 속도도 규제 항목에 들어가 있습니다. 거기에 사람이 직접하는 조작이 반드시 일정 이상 들어가도록 이러이러한 조작을 넣으라고까지 규제에 들어가 있습니다.

그래서 10연 가챠 같은 경우는 게임 시간도 줄여주면서 조작도 줄여주는 사행성 증가에 아주 딱 맞는 기획입니다. 그럼 절차 간소화가 사행성 증가에 도움이 된다고 하니 조금 더 간소화한 상황을 상상해보겠습니다.

자동 결제.

원하는 것이 나올 때까지 자동 결제하는 기능이 있다고 하면 어떻게 될까요? 당연히 사행성이 강화될 것입니다.

반대로 매번 결제할 때마다 복잡한 결제 절차-각종 주의 사항에 대한 동의, 인간이면 신호등 이미지를 모두 선택 등등-를 하라고 하거나 특정 장소나 상황, 시간에서만 결제할 수 있게 하면 사행성이 약해집니다.

그래서 결제 편의성이 사행성 규제에서 중요하게 다뤄집니다.

강원랜드가 강원도에만 있는 것과 서울 한복판에 있는 것은 완전히 다른 이야기입니다. 강원랜드가 강원도에 있지만, 거기에 있는 슬롯머신이나 룰렛을 원격으로 자동으로 결제되게 플레이하겠다고 하면 당연히 기술적인 문제가 아니라 사행성 문제로 허용되지 않을 것입니다.

로또 같은 경우에는 인터넷 결제를 허용한 것이 큰 뉴스로 다뤄졌는데 모바일 결제는 아직도 막혀있습니다. 규제를 풀어달라고 하는데 안 해주고 있습니다. 당연히 기술적인 문제가 아닙니다.

시간 요소의 마지막 항목인 환전 소요 시간을 봅시다.

환전에 시간이 걸리게 하면 사행성이 약해집니다. 예를 들자면 지금 당첨되었더라도 당첨금은 1년 후에 지급하거나 20년에 걸쳐서 나눠 지급한다고 하면 당연히 사행성이 약해집니다. K-게임에서는 거의 관계없는 항목이므로 이 정도로 짧게 언급하고 넘어가겠습니다.

다음으로 물리 노동.

물리 노동 (비용)	필요 최소 조작	많다	→	적다	자동(오토)
	필요 참가 시간	길다	→	짧다	
	배당(환전) 절차	복잡	→	간단	즉시 환전

물리 노동은 사람이 직접 무언가를 해야 하는 요소를 말합니다. 대부분 규제 용도로 쓰이고 시간과 연관이 있습니다. 앞에서 조금씩 언급이 되었기 때문에 길게 설명하지 않고 간단하게 다루겠습니다.

우선 돈만 비용이 아닙니다. 앉아서 시간 쓰고 있는 것 자체가 비용입니다. 사행 기본 규칙에서 사행 참가자들은 투자자 관점이라고 했습니다. 투자자들은 물리 노동에 들어가는 절차와 시간이 늘어나면 늘어날수록 비용이 높다고 느낍니다. 왜냐하면, 다른 돈 벌 시간에 이걸 붙잡고 앉아 있게 되면 단순히 귀찮다를 넘어서 다른 수입을 올릴 기회비용이 날아가기 때문입니다.

단순히 게임 비용이 문제가 아니라 해당 시간에 다른 일을 하면 벌이가 크니 그 손해가 커서 꺼리게 되는 사람들이 누구일까요? 학생일까요? 아니겠죠. 자영업자나 시간당 돈을 크게 버는 전문직들일 것입니다. 물리 노동이 복잡해질수록 기회비용이 적은-그 시간에 일을 해봤자 버는 돈이 고만고만할-저소득자나 시간이 많은 청, 노년층만 남게 됩니다. 그러면 모금액이 줄어들고 사행성이 약화합니다.

이 물리 노동을 획기적으로 줄여주는 필요 최소 조작 기획이 오토입니다. 오토가 되면서 다른 일을 하면서도 사행성 게임에 참여할 수 있게 되니 기회비용이 획기적으로 줄어 돈 있으신 분들의 참여가 늘어나게 됩니다. K-게임에 큰손 자영업자들이 급부상하게 된 것은 결제 제한 폐지도 있지만 오토 플레이의 영향이 큽니다.

다음으로 필요 참가 시간.

오토일지라도 물리적인 참가 시간을 넣어서 특정 장소에 앉아있게 하면 당연히 체감 비용이 올라갑니다. 그래서 여기서 대리 게임이 등장합니다. 대리를 허용하게 되면 오토로 여러 게임 참여가 가능하게 되어 시간, 물리 제약을 해결할 수 있으므로 사행성이 커지게 됩니다. 따라서 대리를 막는 법률들이 생기게 됩니다.

또한, 대리를 허용하면 위의 게임 비용 문제와 맞물려서 돈이 많은 사람이 상대적으로 가난한 사람에게 대리 게임을 시키는 현상까지 발생합니다.

마지막으로 환전 절차.

환전 절차가 복잡하고 까다로워도 사행성이 줄어듭니다. K-게임이 사행 여부 판정에서 가장 도움을 크게 받는 것이 이 요소입니다.

앞에서도 구조를 다뤘다시피 K-게임은 돈을 주지 않습니다. 게임 외부에 존재하는 제3의 교환소를 통해 환전해야 합니다. 그리고 이 아이템 거래 사이트와 게임 개발사는 서로 관계가 없습니다. 아니, 없어야 합니다. 이 구조를 통해 사행이 아닌 사행'성' 게임이 되어 가까스로 합법이 됩니다. 이는 빠찡꼬도 마찬가지입니다. 이것이 일정 이상 편해지고 언제든지 환전할 수 있다면 문제가 됩니다.

그렇다면 잠깐 주제와 다른 의문이 들 수 있습니다.

게임사가 환전(아이템 또는 계정 현거래) 절차에서 수수료나 관련 이익을 얻지 않는데 왜 문제가 되는 것일까? 라는 의문 말입니다.

직접은 아니지만, 이 과정을 통해 간접적으로 이익을 얻기 때문에 문제가 됩니다.

어떤 형태나 방법을 통해서도 아이템이나 게임머니를 게임 밖에서 주고받을 방법이 없다고 가정합시다. 그러면 어떤 일이 벌어질까요? 사람들은 가챠를 덜 하게 될 것입니다. 왜냐하면, 대박을 바라지 않더라도 일정 금액은 게임을 접을 때 회수할 수 있다는 생각이 있으므로 고액 과금이 벌어진다는 점을 고려해야 합니다.

4학년에서 다뤘던 빠찡꼬 참가자의 멘탈을 잠시 생각해봅시다. ㅇㅇ쨩의 오리지널 영상을 보기 위해 50을 낼 용의가 있는 사람이 있다고 가정합시다. 빠찡꼬의 공정한 규칙상 100을 넣으면 80을 돌려줍니다. 그렇다면 이 사용자는 200까지는 쉽사리 쓸 것입니다.

규칙상 160까지는 높은 확률로 돌려받을 것이고, 그러면 실제 사용한 것은 40이 될 것이라는 기대가 있기 때문입니다. 운이 없다면 70~80까지 나갈 수도 있겠지만, 빠찡꼬를 하루 이틀하고 말 것이 아닌 이상, 장기적인 관점에서는 80을 돌려받는 어딘가로 확률이 수렴될 것입니다.

수집형 게임 가챠 결제자의 심리도 비슷합니다.

이러면 업체 입장에서는 영업 이익률이 같을지라도 매출은 몇 배나 상승하는 효과를 얻을 수 있습니다.

K-게임에서 외부 아이템 거래를 통해 50% 정도를 회수할 수 있는 게임이 있다고 가정합시다. 이러면 게임사는 해당 거래에 아무런 관계도, 이익도 없을지라도 게이머가 50 결제할 것을 100 결제하게 되니 매출이 상승합니다.

이런 매출 상승을 통해 가챠가 없는 게임 대비 매출 상위에 들기 쉬

위집니다. 또한, 보통은 게임을 정리할 때 환전을 하게 되니 이 100은 게임사에 어느 정도 묶여 있는 셈입니다.

상황에 따라서는 50만 건질 줄 알았는데 게임 분위기가 좋아지면 그 이상의 시세가 될 수도 있습니다.

즉, 시세는 고정이 아닙니다. 게임 참가자도 시세에 영향을 줄 수 있다는 뜻입니다. 그러면 이제 이 게임에 먼저 참여한 사람들이 시세가 유지되도록 다른 사람들을 추가로 끌어들이거나 키워줘야 할 동기 부여도 발생합니다. 역시 게임 개발사에는 좋은 일입니다.

그렇다 보니 반대로 게임 운영 상황이 안 좋아질 경우, 사람들은 시세가 떨어진다는 것에 민감하게 됩니다. 50 회수할 줄 알았던 계정이 30이나 20밖에 회수할 수 없게 되기 때문입니다. 즉, 가챠 게임이 아니었을 경우에는 문제없을 상황들이 심각한 문제가 됩니다. 게임사에 시세 유지 잘하라고 화를 내게 됩니다. 물론 대놓고 시세를 이야기하지 않고 운영 잘하라고 하는 형태이긴 합니다만.

즉, 게임으로 큰돈을 벌 수 없다거나 개발사가 직접 환전에 관여하지 않는다고 해서 아무 문제가 없다고 할 수 없는 이유가 이러한 부분에 있습니다. 그 외에도 간접 환전을 통해 얻을 수 있는 이익이 많지만, 이 정도로 하고 다시 이퀄라이저로 돌아가겠습니다.

자, 그럼 이퀄라이저의 마지막 부분인 정신 노동입니다.

정신 노동 (비용)	로그 분석 가치	낮음	→	높음	절대적
	로그 분석 난이도	높음	→	쉬움	시각화(예시)
	재미	적다	→	많다	

저는 이 부분이 사행성에서 제일 중요한 요소가 아닌가 생각하고 있습니다. 일단 정신 노동이라고 표현했는데 노동이라는 표현은 제 관점이고, 일반적인 관점으로 설명하자면 '계산이나 분석을 통해 성공 확률을 높일 여지가 있는가? 혹은 그런 내용이 포함되어 있는가?'를 말하는 것이라 보시면 될 것 같습니다.

이 요소가 있을 때 굉장히 중요한 포인트는 운이 나쁘다고 생각하는 게 아니라 실력이 부족하다는 논리로 간다는 점입니다.

로또처럼 거의 완전한 운 게임의 경우에는 더 잘해서 확률을 올릴 여지가 없습니다. 그러니 당첨이 안 되면 그냥 당첨이 안 된 것이고 다음 게임에 더 잘할 방법은 없습니다.

그러나, 포커, 고스톱처럼 실력이 어느 정도 요구되는 경우, '내가 지금 돈을 쓰고 있는 것은 돈을 잃은 게 아니라 실력을 올리기 위한 투자 과정'이라고 생각하게 됩니다. '잃으면서 배우는 거다'...어디서 많이 들어본 멘트죠?

그리고, 나아가 이 투자 과정을 거치면 실제로도 어느 정도 승률이 오르게 됩니다. 그러면 무슨 일이 벌어질까요? 쌓은 시간, 돈, 실력이 아까워서 계속하게 됩니다.

그리고, 1학년 사행 성립 기준과 회피법에서 다뤘다시피 실력 게임이라고 주장할 수 있으면 사행 판정에서 벗어날 수 있다는 장점이 추가로 생깁니다.

즉, 정신 노동 요소 설계는 사행성에 있어서 아주아주 핵심적인 요소라 볼 수 있습니다.

그러면 운 게임을 실력 게임으로 바꾸거나 그렇게 만드는 데 중요한 요소가 뭘까요?

게임에서 **계산이나 분석을 할 수 있는 정보를 제공**해줘야 합니다.

그래서 게임에서 당첨 확률이나 당첨 가능성을 계산해볼 수 있는 정보를 제공해주면, 단순하게 보면 투명한 운영이라고 좋아할 수 있을지 모르겠지만, 사행성이 올라갑니다.

그럼 각 항목을 보겠습니다.

로그 분석 가치.

분석의 가치를 이야기해 봅시다.

예를 들어 분석을 해봤자 사실 별 의미가 없는 구조의 게임, 로또 같은 것이라고 하면 이 항목에 대해 로또는 사행성이 낮은 겁니다. 로또는 다른 이유로 사행성이 강한 것이지 완전 운 게임이라서 사행성이 강하다고 하는 것이 아닙니다. 그래서 로또를 좀 더 다른 사람의 결정에 영향을 받게 규칙을 바꿔서 사행성을 올려보는 아이디어는 지난 학년에서 이미 다뤄보았습니다.

저는 운의 비율보다 실력이 비율이 높을수록 사행성이 더 높다고 봅니다. 일본 빠찡꼬에서도 운의 비율이 높은-즉, 예측이나 공략이 별 의미가 없는 알고리즘을 가진-빠찡꼬를 캐주얼 빠찡꼬. 반대로 실력의 비율이 높은-즉, 예측이나 공략이 더욱 의미 있는 알고리즘을 가진-빠찡꼬를 하드코어 빠찡꼬로 부르며 구분합니다. 겨울연가 빠찡꼬 기획서에서 캐주얼 빠찡꼬 지향이라는 내용을 보고 신기해하던 기억이 납니다.

또 다른 예로 다른 조건이 같다고 할 경우 실력 개입의 여지가 적은 룰렛보다 포커가 더 사행성이 높다고 볼 수 있습니다.

4학년 때 다룬 빠찌프로의 경우에도 '고정 수입을 올릴 수 있다는 사실이 중요하다'고 했습니다. 포커, 빠찡꼬처럼 소수의 상위 플레이어가 실력으로 거의 확실하게 이길 수 있는 경우에는 실력 게임이 되어서 사행성 문제에서 어느 정도 벗어날 수 있습니다. 또한 참가자들이 실력으로 이길 수 있다는 점 때문에 '도박이 아니라 승부를 겨루고 있다. 돈을 잃은 게 아니라 수업료를 내고 있다' 혹은 '성장하고 있다'

고 생각하게 되는 장점(?)이 있습니다.

그리고, 여기서 파생되는 더 흥미로운 현상이 있습니다.

게임 구조상 항상 이기고 있고, 그에 따라 잘 벌고 있는 사람들이 지속해서 승리하려면, 외부에서 돈이 들어오는 구조가 아닌 사행의 특성상, 다른 사람들이 꾸준히 져(잃어줘)야 합니다.

그렇기에 확실하게 이길 수 있는 사람들은 적극적으로 다른 사람들(돈을 잃을 사람)을 이 생태계에 끌어들이려는 동기가 생깁니다. 뉴비(신규 참여자)를 데려오면 자기 수입이 늘어나는 겁니다.

그런 구조가 자연스럽게 만들어지면서 판이 커집니다. 그러므로 누군가가 확실하게 버는 구조, 실력 게임을 만드는 것은 사행성 설계에서 매우 중요합니다.

그다음은 로그 분석 난이도입니다.

예를 들어 정보를 준다고 합시다. 그런데 이 정보의 데이터가 너무 어렵고 복잡한 형태라서 보통 사람은 이해할 수 없다고 하면 소용이 없습니다. 반대로 누구나 이해하기 쉽게 자신의 확률이 올라간 상태임을 보여준다고 하면 승산이 있다고 생각할 뿐 아니라 게임이 공정하고 투명하다고까지 생각하니까 더 많이 참여하게 됩니다. 그러면 참여자와 참여 금액이 오르면서 선순환(?)이 발생할 것입니다.

그래서 빠찡꼬에서는 당첨 상황을 실시간 그래프로 그려주고 지금 당첨 확률이 높은 상태임을 시각적으로 알려줍니다. 당첨률이 높은 상

실시간 정보 전달이 왜 불법인 건데!

그거 사행성 유도잖아요.

크크... 지금 구매하면 당첨률이 높다고...?

태임을 시각적으로 알려주는 기법은 소위 '예시'라고 불리는 기획입니다. 국내에서는 연타(연속 당첨. 배당 이퀄라이저에서 설명한 기획), 예시 금지라고 해서 당첨의 실시간 상황을 알려주거나 지금 확률이 오르거나 내리고 있다는

것을 알려주는 기획을 법으로 금지했었습니다.

같은 조건이라면 정보를 주는 것이 사행성을 올려주는 것이라고 보는 규제가 존재한다는 뜻입니다.

빠찡꼬 같은 바다 건너 이야기 말고 K-게임으로 예를 들어볼까요?

앞에서 집단 이월 이퀄라이저를 소개할 때 '불꽃의 항아리' 기획을 예로 들었습니다. 당첨 확률이 올라감에 따라 불꽃색이 변하는 정보를 주는 기획입니다. 이 기획을 내부적인 당첨 알고리즘은 완전히 동일한데 다른 사람이 실패하고 있어서 확률이 올라가고 있다는 정보를 주지 않도록 변경하면 어떻게 될까요?

다른 사람의 성공, 실패 여부를 알 수 없으니 체감으로는 무작위인 로또를 하는 것과 큰 차이가 없게 될 것입니다. 그러면 사람들이 더 많이 할까요? 더 적게 할까요? 답은 충분히 예상할 수 있습니다.

이제 이퀄라이저의 마지막 항목인 재미.

이 재미가 어려운 부분입니다. 논란의 여지가 있습니다. 재미와 사행성은 서로 불가분의 관계입니다. 사행성이 없어도 게임이 재미있을 수는 있지만, 그 반대인 재미없는 사행성 게임은 성립하기 어렵다가 제가 보는 관점입니다.

이 관점을 설명해 드리기 전에 간단한 퀴즈를 한 번 풀어보도록 하겠습니다.

다음 각 경우에 올바른 친구의 반응은?

보기 a), b) 중에 고르시오.

개미: 내가 1일 2시간씩 총 40시간 열심히 '일해서' 5만 원 벌었다.

친구: a) 열심히 일하면 좋은 날이 올거야.

b) 바보냐? 그거 받고 일 하다니. 노동부에 신고해라.

베짱이: 내가 1일 2시간씩 총 40시간 열심히 '게임해서' 5만 원 벌었다.

친구: a) 그런 식으로 돈 벌려고 하면 못써.

b) 그럴싸한데! 그 게임 이름 뭐니, 나도 좀 알려줘라.

각 경우에 친구의 반응은 a), b) 어느 쪽일까요?

둘 다 대부분 b)를 선택할 것입니다.

이 부분이 당연하면서도 흥미로운 지점입니다. 정답이 뭐라고 말씀드리기는 어려운 점이 있지만, 사행에 있어서 재미가 어떤 역할을 하는지 충분히 상상해보실 수 있을 것입니다.

자, 여기까지 사행성 이퀄라이저의 항목들을 알아보았습니다.

그러면 한 번 정리해 보겠습니다. 지금까지 나온 내용을 총동원하여 사행 판정을 받지 않는 선에서 최고의 사행'성'을 만들려면 어떻게 해야 할까요?

그럼 최고의 사행'성' '게임'은 어떤 조건을 갖추어야 할까요?

- 무료로 누구나 참여할 수 있으며
- 결제와 참여자 수에 제한이 없으며
- 재미있으며
- 실력이 어느 정도 필요하며
- 매우 낮은 확률을 가지고 있으며
- 가챠 시도 횟수에 제한이 없으며
- 당첨 상황이 투명하게 공개되고
- 우회 환전이 가능한 게임

즉, 무료로 참여할 수 있고 참가금 상한이 없으면서 최대한 많은 사람이 참여할 수 있는 실력 게임이면서 게임 점수를 우회 환전할 수 있는 게임이면 됩니다.

이러면 돈을 잃은 것이 아니라 재미있게 즐긴 게 되고, 투자이자 실력을 쌓는 과정이기 때문에 실력을 쌓아 이기기 위해 계속 참가하게 됩니다.

이러면 이긴 순간만 중요하고 지난 과정은 손실이 아니라 이기는 순간을 위한 투자 과정이었다고 받아들이게 됩니다. 그러면 이겼다고 끝이 아니라 이제 투자를 회수해야 하므로 게임을 더욱 열심히 플레이하게 됩니다. 그러면서 자신에게 져줄 사람들도 적극적으로 끌어들이게 됩니다.

운영 측은 누가 이기든 상관없이 결제 금액에서 수수료를 떼고 상금을 주면 그만입니다. 그런 만큼 게임 횟수와 결제 금액만 늘면 됩니다. 그러니 실력을 쌓으면 장기적으로는 거의 확실하게 이기지만 단기적으로는 운으로 인해 승부를 확실하게 장담할 수는 없는 구조를 만드는 것이 가장 유리합니다.

이렇게 놓고 보니 의도했든 안 했든 우리가 현재 익숙한 K-게임들이 이 요소들을 잘 갖추고 있음을 알 수 있습니다. 그런데 생각해보시면 아시겠지만, 위의 조건들을 다 갖추는 것이 쉬운 일은 아닙니다. 그러니까 사행성 게임이라고해서 쉽게 돈을 버는 것은 아닙니다.

다른 사행성 게임보다 더 나은 사행성 게임을 만들기도 쉬운 일은 아니라는 차원에서 말씀드렸습니다. 그러니 가챠 게임을 만드는 것이 쉬운 일은 아니고 기술과 노하우가 필요한 것이니 도박이 아니라는 논리는 성립하지 않습니다.

이제 여기까지 다 보셨으면 이 이야기의 발단에서 언급한 사건 중 확률형 아이템 정보 공개 의무화가 효과가 없을 것이라는 주장에 대해 충분히 이해하실 준비가 되었다고 생각됩니다.

그래서 이와 관련된 내용을 6학년에서 다뤄보겠습니다.

그러면 5학년을 끝내기 전에 복습 차원에서 5학년 첫머리에 잠깐 언급한 복선을 정리해 보겠습니다.

> 넥슨, 실시간 검증 가능한 '확률 모니터링 시스템' 도입한다.④
>
> (전략) 확률 실시간 모니터링 시스템을 도입한다. 이를 통해 유저들이 확률 내용을 쉽게 확인하고, 정상적으로 작동하지 않는 요소가 발견되면 빠르게 조치하는 체계를 마련하고, 관련 시스템을 오픈API 형태로 구축해서 유저도 활용할 수 있도록 할 방침이다. (후략)

위 기사에서 말하는 실시간 검증 가능한 확률 모니터링 시스템이 도입되면 사행성은 어떻게 될까요? 당첨 내역을 쉽게 실시간으로 확인하고 오픈API로 누구나 가져다 쓰게 하면 어떤 일이 벌어질까요?

내용을 잘 보셨다면 이 경우, 다들 승산을 올리기 위해 당첨 상황을 모니터링하고 분석하게 되리라는 것이라는 것을 충분히 짐작하실 수 있으실 겁니다. 그뿐 아니라 연속 시행 확률 같은 것을 자동 계산해서 당첨 가능성을 그래프로 그려주고, 다른 사용자들의 당첨 상황 분석, 내 상태와 비교 분석해주는 앱이나 서비스들이 나올 겁니다. 이런 앱이나 서비스가 나오면 열심히 하시는 분들은 돈 주고라도 살 겁니다.

그러면 확률을 투명하게 공개했으니 돈 안 쓰는 착한 가챠가 될까요?

4 넥슨, 실시간 검증 가능한 '확률 모니터링 시스템' 도입한다
 - 세님베카 '21.03.05

아닌 수준을 넘어 그 반대일 겁니다. 돈을 써서라도 이런 분석 툴을 추가 구매하면 했지, 덜 쓰진 않을 것입니다.

오히려 승산이 있다고 판단해서 더 공격적으로 가챠에 참여하거나, 서버에 수량 제한이 있는 아이템이라면 다른 사람들이 열심히 가챠를 돌리는 상황이 보일 테니 더 열띤 경쟁이 벌어질 것입니다.

그러면 이 질문이 떠오를 겁니다.

'실시간 확률 공개가 그렇게 게임사에 좋은 거면 왜 그동안 안 한 거야?'

라는 질문 말이죠.

그렇게 좋은 것이면 진작 했어야 맞을 겁니다. 미리 확률 공개하고 분석 툴 뿌리고 스트리머들이 주식 차트처럼 그래프 띄워놓고 분석해

주면서 도네도 받고 하면서 판이 커졌을 텐데 말이죠.

그런데 왜 안 했을까요?

이유는 간단합니다.

못하게 했었습니다.

그동안에는 사행성 올라간다고 못 하게 했었습니다.

게임 내에서 누가 좋은 아이템이 나오면 'ㅇㅇ님이 ㅇㅇ검을 얻었습니다'라고 메시지가 뜨는 경우가 있는데, 이것도 원래는 사행심을 부추긴다고 못 하게 했던 대표적인 기획입니다.

빠찡꼬에서 누군가 대박이 터지면 업소에서 해당 자리에 깃발을 꽂아주며 점원들이 박수를 쳐주는 경우가 있는데, 이걸 보면서 경쟁심 혹은 나도 될 수 있다는 마음을 심어주는 것과 유사하다고 본 것 같습니다.

그래서 빠찡꼬에서 지원하는 당첨 상황을 실시간 그래프로 볼 수 있는 기능도 국내에서는 못하게 막혀있었습니다. 그런데 이런 개별적인 상세 기획들은 수면 위에서 명시적으로 법으로 정해져 있지 않습니다.

사행 판정처럼 명백하게 ON/OFF가 아닐 경우, 사행성이 너무 심해서 '아, 이건 좀⋯'이라고 하는 기준은 게임물관리위원회에서 게임을 본 다음에 상황에 따라 재량으로 판정하는 영역입니다.

그렇다 보니 확률 실시간 공개라는 금지되었던 기술이 투명한 확률 공개라는 명분으로 당당하게 할 수 있게 되었으니 게임사 입장에서는 반가운 일이라 할 수도 있습니다.

여전히 긴가민가하신가요?

복권을 긁으면 바로 당첨 여부를 알 수 있는 즉석 복권을 예로 들겠습니다. 전체 발행된 복권 중 당첨이 인쇄된 복권이 있는 방식이죠. 지금은 누가 얼마나 샀고 당첨이 됐는지 안됐는지 높은 등수의 복권이 얼마나 남았는지 알 수 없습니다.

이것을 온라인으로 한 후, 다른 사람들의 당첨 상황을 실시간으로 알게 해주면 어떻게 될까요? 누군가가 꽝이 나올수록 당첨 확률이 상승하는 셈이니 다들 이것을 쳐다보다가 해볼 만하다 싶으면 달려들겠죠.

이런 것의 가챠 버전이 확률 모니터링 시스템입니다. 그리고, 투명한 확률 공개는 사행성을 상승시키므로 일부러 불투명하게 해서 사행성을 억제할 수도 있다는 점을 아시게 되었으리라 생각됩니다.

5학년은 여기까지.

게이머를 위한 것처럼 믿게 만들기

일본 컴프 가챠 사건과 자율규제

이제 6학년이 되었습니다.

5학년까지 잘 배우셨다면 6학년은 새로운 내용을 배우는 것이 아니므로 상대적으로 조금 쉽습니다.

컴프 가챠 사건은 국내에 소위 '자율규제'라는 것을 전파한 실제 일본에서 일어난 유명 사건입니다. 이 사건의 전말을 복기해 보면서 지금까지 배웠던 것들이 현실에서 어떻게 적용되는지 살펴보도록 하겠습니다.

우선 컴프 가챠라는 말 자체는 게임에서 가챠 좀 해보신 분들은 다들 한두 번씩 들어보셨을 겁니다. 컴프 가챠 사건은 일본에서 2012년에 발생한 사건으로 거의 10년이 지난 사건입니다. 이 사건 이후 가챠에 대한 주요 사회적인 여론이나 공감대가 형성되었기 때문에 현재까지 가챠의 사행성에 관해 이야기할 때마다 빠지지 않고 언급되는 사건입니다.

현재 K-게임의 생태계에 큰 영향을 준 사건은 2006년의 바다이야기 사건, 2010년의 대법원 아이템 거래 합법 판결, 2012년 일본의 컴프 가챠 사건 정도를 들 수 있습니다. 이 중 앞의 두 사건은 사행이냐 아니냐의 지점에 대한 법적 판결을 내려준 사건입니다. 논란은 있을지언정 명확하게 선을 그어주었습니다. 그러나, 일본의 컴프 가챠 사건은 일본에서 벌어진 일이다 보니 바다를 건너오면서 실제 일본 내에서 영향을 준 것과 다른 형태로 변질, 왜곡되어 국내에 영향을 주었다는 점에서 흥미로운 사건이라 볼 수 있습니다.

우선 컴프 가챠가 무엇인지부터 알아보겠습니다.

컴프 가챠는 모아서 완성한다는 컴플리트(complete)와 가챠(ガチャー, 뽑기)를 합친 컴플리트 가챠의 줄임말입니다. 말 그대로 특정 아이템 구성을 다 모으면 그 보상으로 다른 아이템을 주는 아이템 지급 방식입니다.

컴프 가챠 사건 전만 해도 한국에서는 굉장히 생소한 개념이었습니다만, 이제는 국내에서 아주 흔하게 사용되는 방식입니다.

'일본에서 사행성이 너무 강하다는 이유로 막혔다=효과가 뛰어남이 검증되었다'로 받아들여져서 K-게임 개발사들이 너도나도 컴프 가챠의 구성을 따라 했기 때문이 아닐까 합니다. 이 글을 쓰고 있는 지금도 컴프 가챠는 일본에서 금지이지만 한국에서는 명확한 법이 없어서 허용되고 있는 상태입니다.

특정 카드 덱이나 장비 세트를 맞추면 부가 효과를 주거나 특별 아이템을 얻을 수 있다는 기획인 컴프 가챠. 그런데, 이 기법이 왜 문제인지 알아보기 위해 우선 다음 기사를 잠깐 보겠습니다.⑤

조사 결과 넥슨코리아는 2016년 1인칭 슈팅게임 '서든어택'에서 '연예인 카운트' 아이템을 개당 900원에 팔면서 **총 16개의 조각을 모으면 부가기능 등 여러 혜택을 제공하는 행사를 했다. 문제는 넥슨코리아가 퍼즐 조각을 '랜덤으로 지급한다'고 했지만, 일부 퍼즐 조각은 획득 확률이 0.5~1.5%에 불과했다는 점이다.** 공정위는 "퍼즐은 단 1조각만 획득하지 못해도 아무런 가치가 없는데, 소비자들은 '퍼즐조각 랜덤 지급'이라는 광고를 보고 **각 조각의 획득 확률이 같거나 비슷한 것으로 생각하고 구입할 우려가 크다**"며 "소비자 구매 선택에 중요한 영향을 미칠 수 있는 정보를 허위, 기만적으로 제공함으로써 소비자를 유인한 행위"라고 지적했다.

• 저자 주: 굵은 글씨는 내용의 강조를 위해 저자가 임의로 추가함

기사에 나온 바와 같이 컴프 가챠는 크게 두 가지 문제가 있습니다.

첫째로 사용자가 원하는 것은 '가'라는 아이템인데, 이것을 얻고 싶으면 ⓐ, ⓑ, ⓒ, ⓓ, ⓔ를 모아야 하니 지나치게 많은 결제를 유도합니다.

5 넥슨 '확률형 아이템' 9억 과징금 – 한겨레 18.04.01

다음으로 ⓐ, ⓑ, ⓒ, ⓓ, ⓔ를 모으려고 할 때, 고객은 보통 ⓐ, ⓑ, ⓒ, ⓓ, ⓔ의 당첨 확률이 모두 동일할 것이라고 생각하기 쉬운데, 실제로는 확률이 달라서 완성을 어렵게 하는 소비자 기망행위의 여지가 있다는 점입니다.

일본 컴프 가챠 사건 때에는 각 아이템의 등장확률이 달랐는지에 대해 의심만 있었고 확인은 되지 않았습니다. 그냥 첫 번째 이유, 지나친 결제 유도라는 것만으로 컴프 가챠가 금지되었습니다.

그러나, K-게임에서는 기사와 같이 두 번째 사례도 공정거래위원회 조사로 사실 확인이 되었음에도 불구하고 특별히 규제를 받고 있지 않습니다. 그래서, 컴프 가챠 사건에서 일본은 많은 과금을 유도하는 수법이라는 사실만으로 규제가 됐다는 점을 감안하고 사건을 봐주시기를 바라겠습니다.

여기까지 컴프 가챠가 어떤 것인지, 무엇이 문제였는지 간단히 정리했습니다.

이제 실제 일본에서 있었던 컴프 가챠 자율규제 사건을 시간순으로 살펴보도록 하겠습니다.

발생 시간과 단서를 잘 살펴야 하는 추리 게임이라는 점을 미리 고려해 주시기 바랍니다.

일단 2012년 5월 5일, 일본의 유력 일간지인 요미우리 신문에서

'소비자청이 컴플리트 가챠라고 불리는 상품이 경품표시법에서 금

지하는 방법에 해당한다고 판단해서 중지를 요청했고, 응하지 않으면 조치명령을 내릴 것이다'

라고 보도합니다. 6

해당 기사에서는 당시 컴프 가챠를 쓰는 주요 게임으로 '아이돌마스터 신데렐라 걸즈(アイドルマスターシンデレラガールズ)'와 '탐험 도리랜드(探検ドリランド)'를 언급합니다. 각 게임은 반다이남코라는 게임사와 그리 (GREE)라는 게임사가 운영하는 게임이었습니다.

탐험 도리랜드는 애니메이션이 한국어 더빙을 할 정도로 인기를 끌었습니다.

아이돌마스터 신데렐라 걸즈도 계속해서 나와요!

이 기사로 인해서 가챠 게임으로 돈을 많이 벌고 있던, 소위 소셜 게임 회사들-모바게(モバゲー), 그리(GREE) 등의 주가가 크게 하락했다고 합니다.

요미우리 신문의 보도 이틀 뒤인 2012년 5월 7일, 해당 보도 내용을 소비자청이 다음과 같이 부정합니다. 7

'장관이 지시한 바에 따라 검토를 시작한 단계. 중지 요청이나 조

6 コンプガチャは違法懸賞、消費者庁が中止要請へ
  요미우리 12.05.06

치 명령 등은 결정된 것이 없고, 그런 생각도 없다. 사업자명을 밝힌 적도 없다'

그런데, 소비자청이 기사를 부정한 그다음 날인 2012년 5월 8일에 앞에 언급된 소셜 게임사 그리 대표가

'만약 소비자청의 지적이나 요청이 있다면 진격(真撃)으로 대응을 검토하고 싶다'

• 한국어에서 진격이란 표현을 쓰진 않지만, 어감 전달을 위해서 일부러 진격이라고 직역했습니다.

라고 발언합니다. **8**

역시 또 다음 날인 2012년 5월 9일. 하루 단위로 새로운 사건이 벌어집니다. 주요 소셜 게임 플랫폼 6사가 컴프 가챠 취급에 관한 안내라는 보도자료에서

'각사에서 현재 운영하고 있는 소셜 게임의 컴프 가챠에 관해서도, 2012년 5월 31일까지 종료, 이후 새로운 컴프 가챠를 하지 않는 것으로 결정했습니다'

라고 공동으로 발표합니다. **9**

7 消費者庁が報道否定——SNSのコンプガチャ問題
- ケータイ Watch 12.05.07
8 グリー田中社長、コンプガチャ問題にコメント
- ケータイ Watch 12.05.08

이 6개 회사는 NHN재팬, 그리, 사이버 에이전트, DeNA, 드왕고, 믹시로, 요미우리의 첫 기사에서 언급된 아이돌마스터 신데렐라 걸즈의 개발사 반다이남코는 플랫폼 운영사가 아닌지라 이날 공동 발표에서는 포함되어 있지 않았습니다.

그러나, 그다음 날인 2012년 5월 10일에 아이돌마스터 신데렐라 걸즈 서비스 업체인 반다이 남코도

> '컴플리트 가챠에 관한 다양한 의견 및 2012년 5월 9일 발표된 소셜 게임 플랫폼 연락협의회의 결정 등을 검토한 결과, 보다 고객님이 안심하고 즐길 수 있는 서비스를 제공하기 위해 서비스 중인 게임의 컴플리트 가챠를 5월 31일까지 종료'

하겠다고 따로 발표합니다.⑩ 종료일이 소셜 게임 플랫폼 6사가 발표한 날과 같습니다.

여기까지가 요미우리의 첫 보도 이후, 딱 5일 사이에 벌어진 일입니다. 5개월, 5년이 아닙니다. 딱 5일 만에 컴프 가챠 안 하겠다고 결정됐습니다.

이게 심지어 일본의 연휴 기간인 골든 위크 휴일을 끼고 5일입니다. 대응 속도가 엄청납니다.

그런데 해당 게임 업체들이 다 안 하겠다고 이미 말은 다 해버린 상

9 「カード合わせ」に関する景品表示法(景品規制)上の考え方の公表を受けての対応とプラットフォーム事業者 6 社の取り組みについて - LINE
10 バンナム、「コンプガチャ」の取り扱いを5月て終了 - CNET Japan 12.05.10

태인데, 군이 소비자청이 2012년 5월 18일에 ''카드 맞추기(カ-ド合わせ)'에 관한 경품표시법(경품규제) 상의 견해(考え方) 공표 및 경품표시법의 운용 기준 개정에 관한 퍼블릭 코멘트에 대하여'라는 보도자료를 통해

> '컴프 가챠는 경품표시법의 카드 맞추기(カ-ド合わせ)에 해당해서 금지 대상'

이라는 견해(考え方)를 뒤늦게 밝힙니다.⑪

그런데 맞다도 아니고 틀리다도 아니고 그런 것 같다는 견해(考え方)라는 표현을 썼다는 점이 재미있습니다.

이렇게 소비자청이 발표를 하고 일주일 뒤인 5월 25일에 앞에 컴프 가챠 폐지를 공동 발표했던 소셜 플랫폼 6사가 '컴플리트 가챠 가이드 라인'⑫ 이라는 것을 작성하여 발표합니다.

6월 1일부터 운영하겠다고 되어 있습니다. 그러니까 5월 31일까지 컴프 가챠를 모두 폐지하고 6월 1일부터 자체 작성한 가이드 라인대로 하겠다'고 한 겁니다.

그 뒤 2012년 6월 28일에 소비자청이 컴프 가챠 규제를 명시한 경품표시법 운용 기준이라는 것을 공표하고 7월 1일부터 적용한다고 발표합니다.

11 「カード合わせ」に関する景品表示法(景品規制)上の考え方の公表及び景品表示法の運用基準の改正に関するパブリックコメントについて - 消費者庁
12 コンプリートガチャガイドライン - gree

여기까지 해서 일단 컴프 가챠 사건이 정리됩니다.

날짜들을 보시면 아시겠지만 일단 첫 보도 후 5일 만에 자율적으로 폐지가 됐고, 한 달 안에 가이드 라인과 규제 기준이 다 나와서 공표합니다. 보도된 그 달에 모두 컴프 가챠를 폐지 했습니다.

'컴플리트 가챠 금지, 게임사에 과도한 부담'⑬ 이라면서 법안을 만드느니 마느니, 특정 콘텐츠를 금지하면 안 되네 하면서 언제 될지, 과연 규제가 되기는 할지 알 수 없는 한국과는 상황이 전혀 다릅니다.

이런 어느 나라 상황을 보고 일본 컴프 가챠 사건에 대한 일반적인 반응은 대략 이런 것이 아닐까 싶습니다.

'정부에서 금지나 위법이라고 한 것도 아니고 검토를 시작했다고만 했는데 단 4일 만에 폐지하겠다고 발표해? 반박도 안 하고?'

'정부 기관이 검토 시작했다고 한 것이 2012년 5월 7일인데 규제가 6월 28일에 나와? 두 달도 안 걸려? 일본 공무원들이 원래 이렇게 빨리 해?'

다들 위와 같은 반응이었다 보니 '일본은 자율규제가 이렇게 잘 되고 있으니까 한국도 자율규제 도입하자!'라는 분위기가 국내에 생기는 데 영향을 주었습니다. 그렇게 해서 한국에도 확률형 아이템 자율규제라

13 정부 "컴플리트 가챠 금지, 게임사에 과도한 부담"
국민일보 '21.04.10

는 것이 생겼는데 사실 잘 안 되고 있다 보니 일본은 잘하는데 한국은 제대로 안 되고 어쩌고저쩌고…하는 흐름이 된 것이 현재 상황입니다.

그러면서 '선진 일본 게임계는 알아서 잘하는데 K-게임사는 왜 이 모양이냐?'라는 말들도 나옵니다. 하지만 이렇게 K-게임사를 욕하는 것으로 끝이라면 이 이야기를 이렇게 길게 할 필요가 없겠죠.

그래서 컴프 가챠 사건을 새로운 버전으로 재해석해 보겠습니다.

1) 소비자청은 뭐 하는 곳인데 갑자기 등장했는가?

소비자청의 홈페이지(caa.go.jp)를 좀 찾아보면 한국의 공정거래위원회와 비슷한 기관이라 나옵니다. 국내에 이름이 비슷한 소비자원(kca.go.kr)이란 곳이 있는데, 이곳은 공정거래위원회와 달리 권한이 없습니다. 일본 소비자청은 공정거래위원회처럼 정식 정부 기관으로 과징금, 배상금, 환불 조치를 내릴 수 있는 곳입니다.

2) 컴프 가챠의 규제 근거인 '카드 맞추기'⑭는 무엇인가?

다음으로 컴프 가챠 금지의 근거로 카드 맞추기라는 것이 등장합니다. 그런데 이것이 무엇이고, 언제 어쩌다가 규제된 것인지 알아야 합니다.

'카드 맞추기 금지' 법안은 일본에서 공정거래위원회에 의해 1971년에 부당 경품 및 부당표시방지법에 의해서 추가되었다고 합니다.

14「カード合わせ」の禁止について - 消費者庁

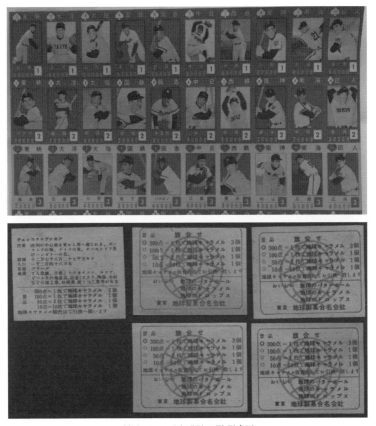

일본 60~70년 대의 그림 맞추기

　그런데 70년대는 인터넷은커녕 아직 컴퓨터 게임조차 있기 전입니다. 그래서 이 '카드 맞추기'는 게임 회사가 아닌 과자 회사 중심으로 진행되고 있었습니다.

　1950년 대에서 70년대까지 여러 과자 업체에서 우표, 야구 선수 카드를 특정 조합으로 모아오면 선물을 주는 경품 행사를 했는데, 이게 과열되어 과자는 버리고 스티커나 카드만 모으는 일이 벌어지자 금지

됐다고 합니다. 그러니까 일본은 컴퓨터 게임이 존재하기도 전인 60년대에 이미 그림판의 모든 그림의 확률이 같은 것처럼 하는 착시를 만들고 한두 개는 나쁜 확률을 만들어서 과자만 까고 버리게 만드는 일이 벌어졌었다는 겁니다.

이로 인해서 70년대에 '같은 뽑기 상자에 포함되는 모든 아이템은 확률이 동일해야 한다'라는 규제 법안이 생겼다는 것입니다. 이 말은 오프라인 컴프 가챠가 일본에서는 70년대 초에 이미 법으로 금지되었다는 뜻입니다.

이 단서들 외에 그 뒤에 추가로 벌어진 일도 봅시다.

컴프 가챠 사건이 벌어졌던 해인 2012년 말에 앞에 언급한 플랫폼 6사가 소셜게임협회(JASGA)라는 걸 만들어⑮ 자주규제를 하고 관련 문제에 대응하겠다고 발표합니다. 그렇게 만들어서 열심히 성실히 할 것처럼 하더니 해당 협회는 2015년 4월에 없어집니다.⑯ 진격으로 대응하겠다던 업체들이 욕받이 협회를 하나 만든 후에 대략 2년 반 만에 없앤 겁니다.

그리고, 일본에는 방금 언급한 JASGA나 도쿄 게임쇼 운영 등으로 유명한 CESA 같은 곳 외에도 게임 관련 협회가 많습니다. 그렇다 보니 재미있는 일이 다른 곳에서 또 벌어집니다.

2012년 8월 1일. 그러니까 컴프 가챠 사건이 일단락되고 대략 두 달 뒤, '일본 온라인 게임 협회'라고 하는 또 다른 협회에서 '온라인 게임

15 一般社団法人ソーシャルゲーム協会(JASGA)の
発足について - LINE
16 CESAとJASGAが来年4月に合併…JASGAは消滅へ
- gamebiz 14.12.02

에 있어서 비즈니스 모델의 기획 설계 및 운용 가이드 라인'이라는 긴

이름의 문서를 발표합니다. ⑰

　내용 보시면 아주 알찹니다.

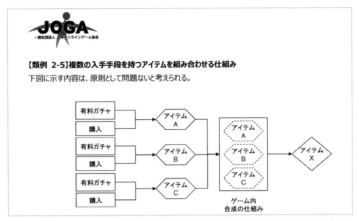

JOGA의 온라인 게임에 있어서 비즈니스 모델의 기획 설계 및 운용 가이드라인

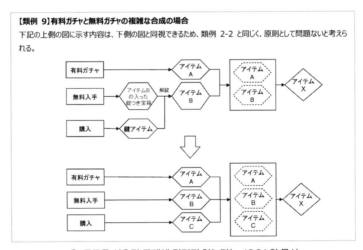

유·무료를 섞으면 규제에 걸리지 않는다는 JOGA의 문서

17 どのガチャはセーフなのか？ 日本オンラインゲーム協会，
「オンラインゲームにおけるビジネスモデルの企画設計および
運用ガイドライン」を発表 - 4Gamer.net 12.08.02

유료 가챠와 무료 가챠를 섞으면 된다거나, 다른 형태의 가챠에서 얻은 아이템을 합성해서 다른 아이템을 얻으면 된다거나, 스탬프 방식으로 하면 된다거나 등 '이렇게 하면 컴프 가챠의 효과를 내면서도 법에 안 걸릴 수 있다'는 꿀팁 문서입니다. 그런데 내용을 보면 K-게임들이 유·무료 가챠를 섞어서 다른 아이템을 만들어내는 것과 거의 같습니다. 이런 꿀팁들을 일본의 협회에서는 직접 문서로 공개했습니다. 좋은 협회네요.

자, 이렇게 단서들을 다시 보면 일본의 컴프 가챠 자율규제라는 게 점점 수상해 보이기 시작하실 겁니다.

그러면 다시 2012년 5월로 돌아가서 사건을 재구성해 보겠습니다.

당시 소비자청은 요미우리의 첫 보도, '소비자청이 컴플리트 가챠라고 불리는 상품이 경품표시법에서 금지하는 방법에 해당한다고 판단해서 중지를 요청했고, 응하지 않으면 조치명령을 내릴 것이다'[18]

즉, 기사는 부정했지만, '장관이 지시한 바에 따라 검토를 시작한 단계'라면서 컴프 가챠 문제에 대한 검토 자체는 시작했다고 했습니다. 그러면서 컴프 가챠가 경품법의 그림 맞추기에 해당한다는 견해 이야기가 나옵니다.

정리하면

① 소비자청이

18 コンプガチャは違法懸賞、消費者庁が中止要請へ
- 요미우리 12.05.06

② 컴프 가챠(위법 여부)검토를 시작했으며

③ 경품법 '그림 맞추기'에 해당한다는 견해

가 됩니다. 이 내용을 게임 업체 입장에서 해석해 보겠습니다.

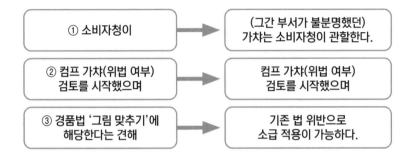

소비자청이 내린 사항을 정리하면 아래와 같습니다.

①부터 하나씩 살펴보죠. 일본은 한국과 달리 게임에 대한 사전 심의가 없습니다. 게임 사전 심의에 익숙한 한국에서는 생소할 수도 있지만, 한국, 중국 등 극히 적은 일부 국가를 제외한 전 세계 다수의 국가는 게임 사전 심의가 없습니다. 문화 콘텐츠의 국가 사전 검열은 독재 국가에서나 벌어지는 일이기 때문입니다. 한국 게임 사전 심의도 군사 독재 시절의 잔재입니다.

그렇다 보니 일본 내에서 이 사건 전까지는 가챠에 대한 심의 기관이 아예 없었습니다. 그러니 소비자청의 등장은 게임 회사에게는 이번에 정부 내에서 어느 부서가 가챠 문제를 다룰 것인지 번지수가 정해졌다는 뜻으로 해석될 수 있습니다.

②를 봅시다. 요미우리 첫 기사에서는 이미 정부의 방침이 결정 난 것처럼 말했는데 소비자청은 완전 오보는 아니고 검토는 시작했다, 아

직 결정 안 했다 정도로 부정합니다.

이 말은 무슨 뜻이냐? 수면 아래로 협상할 여지를 주겠다는 높으신 분의 뜻으로 읽힐 수 있습니다.

③을 봅시다. 경품법 그림 맞추기에 해당한다는 견해. 이 의미는 컴프 가챠를 정말로 규제하겠다고 할 경우, 컴프 가챠법이라는 신규 법안을 만들어 가지고 몇 년 걸릴지 모를 입법 절차를 진행하겠다는 게 아니라는 뜻입니다. 이미 있는 '70년대에 만들어진 기존 법을 어겼다'라고 본 다음에 조처措處하겠다는 뜻으로 해석할 수 있습니다.

①~③이 게임 업체에 대한 소비자청의 메시지라고 보자면 당시 일본 게임 업계는 다음과 같이 받아들였을 것으로 보입니다.

컴프 가챠 규제는 신규 법안이 필요 없다. 이미 기존 법 위반이다.

위와 같은 소비자청의 견해가 확정되면 어떤 일이 일어날까요?

컴프 가챠 규제가 신규 법을 통해 이뤄진다면, 법이 생기기 전의 사안에 대해서는 처벌할 수 없습니다. 소급 적용 금지 원칙입니다. 법안 효력이 발휘되는 전날까지 컴프 가챠 판매를 할 수 있는 것입니다. 그러나, 기존 법 위반이라면 당연히 소급 적용이 가능합니다.

그러니 소비자들의 컴프 가챠 결제 클레임 문의에 대해서 소비자청이 기존 법 위반이라고 해석하면 그동안 컴프 가챠로 번 모든 돈에 대해 '환불' 처분을 내릴 수 있습니다.

만약에 게임 회사가 이 상황이 싫다면 컴프 가챠는 소비자청이 담당할 문제가 아니니 다른 정부 기관에서 다룰 문제라고 빠져나갈 수 있는데, 일본은 한국과 달리 게임을 담당하는 기관이 없습니다. 그러니 남은 곳은 빠찡꼬를 담당하는 경찰 정도입니다.

그러나, 경찰이 컴프 가챠를 다루는 순간, 가챠를 일종의 사이버 도박으로 보겠다는 뜻이 되니 오히려 더 큰 일이 날 뿐입니다.

'기존 법 위반 여부 검토 중이다. 게임사에서 적절한 반응이 없으면 기존 법 위반으로 확정 판정하겠다. 그러면 그간 번 돈 몽땅 환불해야 한다. 알아서 기어라.'

게임사들이 당시 소비자청의 '검토'를 이런 뜻으로 받아들였다고 볼 여지가 충분합니다.

이렇게 해석이 됐으면 당연히 '진격으로 검토'해야 되는 겁니다. 한국처럼 문화체육관광부에 가거나 게임물관리위원회에 가서 '우리 이미 게임 심의 받았는데 다른 부서에서 와서 이중 규제한다'라는 말을 꺼낼 여지가 없던 겁니다.

이런 상황이니 컴프 가챠로 번 돈을 다 소비자한테 환불하는 상황으로 가지 않으려면 초고속 대응을 할 수밖에 없던 겁니다.

물론 여기서 비싼 변호사를 써서 '카드 맞추기와 컴프 가챠는 다르다는!'을 시전할 기회가 있다고 할 수 있는데도 불구하고 초고속 대응했다는 부분이 신경 쓰일 수 있습니다.

일본 회사들이 착해서 비싼 변호사 카드를 꺼내지 않고 바로 받아들인 걸까요? 추측이긴 하지만 그건 아닐 것 같고, 제가 보기엔 수면 아래에서 눈빛 교환이 좀 된 것 아닐까 싶습니다.

눈빛 교환이 됐다고 볼만한 단서들을 좀 보겠습니다.

우선 5월에 업체들이 폐지를 발표하고 광속으로 자율규제를 해서 컴프 가챠 자체는 이미 없어진 상태인데도, 친절하게도 6월 말에 소비자청이 컴프 가챠에 특화한 규정을 따로 추가하여 발표한 점을 눈여겨 볼 필요가 있습니다.

별거 아니라고 볼 수도 있는데, 소비자청이 경품표시법에 굳이 컴프 가챠 부분을 업데이트해서 추가했다는 것은 다음 의미로 볼 여지가 있다고 생각합니다.

'(가챠는) 소비자청 관할의 경품법 문제인데 경품법 기준으로 확률 표시만 하면 된다'

이러면, 이제 가챠는 사행성이 아니고 경품표시법 문제라는 번지수가 정해지는 겁니다. 확률 표시 정도로는 끝나지 않는 빠찡꼬와 다른 겁니다.

소비자청이 본 건을 명시적으로 다루는 이상 사행성 논란의 여지는 없어집니다. 소비자청은 도박, 사행성을 다루는 기관이 아니기 때문입니다. 소비자청 규제를 받겠다고 선언하면 얻는 효과입니다.

그다음에 컴프 가챠 규정을 별도로 추가했다는 것은 다른 중요한 의미를 가집니다. 컴프 가챠는 기존 법을 위반한 것이 아니니까 소비자들은 기존 컴프 가챠로 날린 돈에 대한 환불을 요구할 근거가 없어집니다. 그래서 소비자청이 해당 문제 검토를 시작한 이유가 소비자들의 환불 문의 때문이었는데 환불은 전혀 이루어지지 않았습니다.

그리고, 콕 집어서 컴프 가챠가 문제라고 했을 때, 이것이 어떤 메시지가 되냐면 그냥 가챠는 문제가 없다는 뜻이 돼버립니다.

그래서 이전에는 가챠 자체가 문제라는 분위기가 있었으나 이 이후로는 상대적으로 그런 이야기가 줄어듭니다. 컴프 가챠 금지가 일반 가챠 양성화를 해준 겁니다.

눈빛 교환설에 대한 마지막 단서는 아까 앞에서 언급한 자율규제 단체입니다. 자율규제를 하겠다는 단체를 만든 후 2년 후에 없앴습니다. 욕받이 협회를 없애서 소비자들에게 자기들 찾지 말라는 거죠.

이렇게 해서 **컴프 가챠 자율규제는 보기와는 다르게 그간 회색 지대였던 가챠가 사행성 문제가 아닌 경품 표시 차원에서 확률 표기만 잘 해주면 되는 문제로 정해진 사건**이라고 볼 수 있습니다.

일본 게임사 입장에서는 이보다 좋기는 힘들다고 할 정도로 만족스러운 결과를 가져온 사건이 아닐까 합니다.

사행성 아이템에 대해 확률 표기만 잘하면 된다는 논리는 이 사건 전에는 없던 논리입니다. 이후에도 간간이 소비자청이 경고나 환불 조치 등을 취한 사례가 있는 것을 보아서는 이때 만들어진 체제가 지금까지 이어지는 것으로 보입니다.

그러니 사행성 이슈로 항상 욕을 먹고 있는 K-게임사들이 보기엔 국내 도입이 시급하다 할 만한 아주 좋은 사례라 할 수 있습니다.

이렇게 해서 컴프 가챠 사건을 다시 돌아봤습니다. K-게임사 입장에서 컴프 가챠가 보여준 가장 큰 성과는 가챠 문제가 무슨 문제인지에 대한 프레임을 바꿔줬다는 겁니다.

위법일지라도 어느 법을 어긴 것이냐가 중요합니다. 이 사건 전에는 가챠를 사행성, 즉 도박으로 봐야 하는 것 아니냐는 부분이 논쟁의 중심이었습니다. 그런데 일본에서 이 문제를, 사행성을 담당하는 부서가 아닌 '소비자청'이 다루게 되면서 가챠는 유사 도박이 아니라 경품 제공 방식이라는 형태로 자연스럽게 정리됩니다. 이로 인해 확률을 공개하지 않거나 속였을 때의 처리가 완전히 달라지게 됩니다.

컴프 가챠 사건 이후로 가챠 자체는 문제가 없는 경품 제공 방식이 됩니다. 그러면서 가챠의 문제는 소비자에게 정보를 제공하지 않는 행위, 확률 표기를 제대로 하지 않는 것이 문제다, 혹은 소비자가 오해할 수 있는 형태로 표기한 것이 문제라는 식으로 정리가 됩니다.

사행성 관점에서 확률 표기 문제가 생길 경우, 예를 들어 일본 빠찡꼬에서 확률 표기를 잘못했다면 실수라고 변명해도 안 통하고 속인 거라고 보고 경찰이 출동해서 잡아갑니다.

그런데, 가챠의 경우에는 소비자청이 담당하게 되면서 표기 실수 또는 과장 광고를 했다 수준으로 법의 관점이 바뀝니다. 확률을 속이는 실수(?)가 드러나도 환불 정도만 해주면 되는 영역으로 바뀐 겁니다.

그래서 자본주의 선진국인 일본에서는 이 점을 깨달은 게임사가 소비자청에서 검토 중이라고 하며 협상의 여지를 주자, 장단이 맞아서 단 며칠 만에 그런 결론이 나온 것 아닐까 생각됩니다.

그래서 이제 옆 나라에서 규제를 통해 가챠에 대한 프레임을 바꾼 것을 보고 자율규제 도입이 시급하다면서 가져온 거겠죠.

K-게임사에게 너무 좋기 때문에 가져온 것 아닐까요?

아직 가챠를 사행성이라면서 '사행산업관리위원회'에서 감독해야 한다는 말이 나오고 있는 상황입니다. 그런데 자율규제를 통해 사행성 아이템은 경품일 뿐이라 최악의 상황에도 확률 표기만 제대로 해주고 실수(!)로 확률 표기가 틀려도 사과만 하면 끝인 관점을 지속해서 심어 줄 수 있습니다.

한국에서도 이 사건 이전에는 그런 논의나 관점이 없었습니다. 그전에는 가챠는 바다이야기의 온라인판 이상도 이하도 아니라는 관점이었습니다. 이 상황에 자율규제는 가챠가 경품 표기-확률 표시-만 잘하면 되는 문제라는 관점을 심어주는 역할을 톡톡히 하는 겁니다.

여기까지 일본의 컴프 가챠 자율규제 사건을 알아봤습니다. 이제 해당 사건을 통해 얻은 교훈을 정리해 보겠습니다.

첫 번째, 규제 내용이 문제가 아니라 '어느 부서의 규제를 받느냐'가 핵심입니다.

즉, 같은 사행성 아이템 규제라도 사행산업관리위원회에게 받을 것이냐, 문화체육관광부에게 받을 것이냐, 공정거래위원회에게 받을 것이냐에 따라서 법적, 사회적 인식 측면에서 전혀 다른 이야기가 된다는 것을 일본의 컴프 가챠 사례가 보여주었습니다.

<u>두 번째, 세부 기획을 문제 삼으면 큰 그림은 문제없다는 생각을 심어줄 수 있습니다.</u>

넥슨의 게임 '메이플스토리'에서 보보보가 안 뜬다고 난리가 난 적이 있습니다. 아무리 가챠를 돌려도 특정 조합은 나올 확률이 아예 '0'이었음에도 이를 '실수로 알리지 않은' 사건이었습니다.

이 정도 일이 벌어지면 사람들은 보보보가 해결되면 만족합니다. 가챠 자체는 당연하게 받아들이게 됩니다. 보보보가 문제가 아니라 가챠를 없애야 된다는 생각까지는 잘 가지 않게 됩니다.

일본의 컴프 가챠 사례는 컴프 가챠가 문제고 일반 가챠는 괜찮다는 생각을 은연중에 심어준 사례입니다.

　이것은 행동경제학에서 앵커링(anchoring, 닻 내리기) 효과라고 해서 협상 시에 나쁜 조건을 먼저 제시하면 그것만 해결돼도 상대방이 만족한다는, 이론으로도 설명되는 효과입니다.

　컴프 가챠가 있기 전에는 가챠가 문제라는 생각이 일반적이었는데 컴프 가챠라는 매운맛을 보고 나니까 컴프 가챠를 없앤 것만으로도 소비자들은 뭔가 해낸 기분이 들고, 일반 가챠는 '뭐 이 정도면 괜찮지…'하는 생각을 하게 만든 겁니다.

　마지막 세 번째, 사행이 안되면 사행'성', 컴프 가챠가 안되면 컴프 가챠'성'하면 됩니다.

　법으로 안 된다고 한 것은 효과가 검증된 기획이므로 최대한 비슷하게 만들면 확실하게 돈을 벌 수 있습니다. 이것은 꼭 게임이 아니라 어떤 사업을 하든 다 통용되는 것이긴 합니다.

　이렇게 해서 사행성 초등학교 6학년까지의 기본 과정을 모두 마쳤습니다. 수고 많으셨습니다.

　그러나, 아직 초급과정을 마쳤을 뿐 입니다.

　이제 다음 장부터는 사행성 초등학교를 통해 기본기를 모두 익히신 분들을 위한 중등 과정으로 다음 세 가지 이슈를 살펴보도록 하겠습니다.

1. 게임법 개정안

2021년 초에 확률 공개를 골자로 한 게임법 개정안이 올라왔습니다. 현재는 일부개정안이라는 형태를 통해 해당 법에서 확률 공개 의무화 부분이 확정 되었습니다. 법안 통과 여부보다 해당 법안을 둘러싼 논란을 주목해 보겠습니다. 논란을 통해 게임 업계의 사행성을 둘러싼 다양한 관점들을 분석해 봅니다.

2. 넥슨 사행성 아이템 특허

넥슨이 사행성 아이템 특허를 꽤 많이 가지고 있다는 사실을 아시는지요? 넥슨 측에서는 특허를 등록만 했을 뿐이라고 밝혔습니다만, 내용을 보면 꽤 수준 높은 사행성 기획이 많이 있습니다. 주목할만한 기법들을 살펴보면서 사행성 기획의 현주소를 알아보겠습니다.

3. K-게임과 NFT

현재 K-게임계 최대의 화두는 NFT가 아닐까 합니다. 게임을 하면서 돈도 벌 수 있다고 하는데 무엇이 문제이기에 못하게 하는지, 그리고 이미 아이템 거래소 등을 통해서 아이템을 현금화하고 있는데 그것과 무엇이 다른지를 살펴보면서 K-게임사들이 왜 그렇게 NFT를 하고 싶어 하는지 알아보겠습니다.

2부
중등 과정

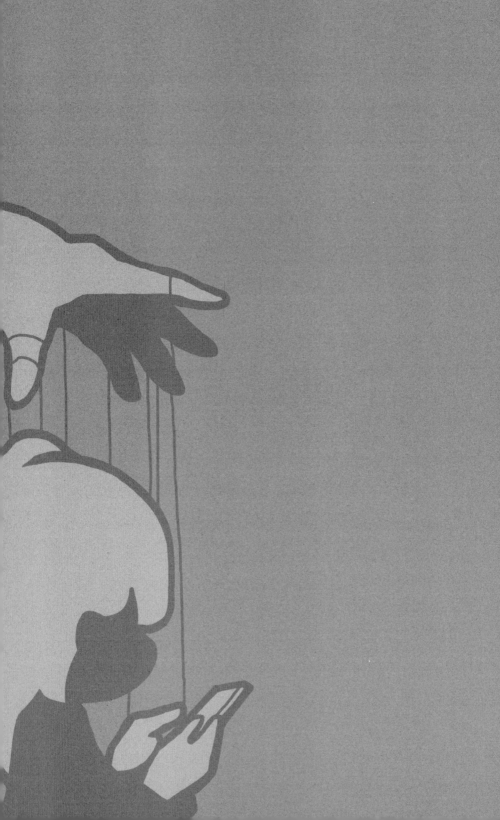

확률 공개하면 문제가 해결되나?

게임법 전부개정안 다시보기

게임법 전부개정안은 2021년 초 게임계를 뜨겁게 달구었던 화제의

법안입니다. 정확한 명칭은 '게임산업진흥에 관한 법률 전부개정법률

안'[19] 이며, 다른 내용도 많으나 세간의 관심을 끈 것은 소위 확률형

19 게임산업진흥에 관한 법률 전부개정법률안(이상헌의원 등 17인)
  - 의인징보시스템

아이템의 확률 공개 의무화입니다. 해가 지나도 법안이 통과되지 않아 흐지부지 되는 것 아니냐는 말도 있었으나, 확률형 아이템 확률 의무 공개 부분만이 일부개정안이라는 형태로 별도 진행되었고, 2023년 2월 말에 국회를 통과하였습니다.

앞으로 한국 게임 업계의 게임 사행성이 어떻게 흘러갈 것일지 예상하는데 중요한 법안인 만큼 한번 살펴보도록 하겠습니다.

법안 본문은 원래 의도를 살펴보는 차원에서 일부개정안이 아닌 전부개정안을 기준으로 하고 있는 점을 참고 부탁드리겠습니다.

처음에 게임법 전부개정안은 게이머를 위한 엄청나게 좋은 법안처럼 여겨졌습니다.

현재는 업체 자율로 되어 있는 사행성 아이템(유료 확률형 아이템)의 확률 공개를 법으로 강제하게 되면 효과가 대단할 거라는 겁니다. 그러나, 일본 컴프 가챠 사례를 이해하고 있는 이 시점에 이 건을 다시 살펴본다면 내용이 전혀 다르게 느껴질 것입니다.

국회에 올라가 있는 법안 내용을 우선 발췌, 정리해 보겠습니다.
우선 법안 주요 내용을 밝힌 부분입니다.

> 아. 게임제작업자 또는 게임배급업자가 게임을 유통시키거나 이용에 제공하기 위해서는 해당 게임에 등급, 게임내용정보, 확률형 아이템의 종류·종류별 공급 확률정보 및 그 밖에 대통령령으로 정하는 사항을 표시하도록 함(안 제59조제1항).

확률 정보 표시를 의무화하겠다는 뜻입니다.

다음으로 확률형 아이템에 관해 다루는 법안 부분입니다.

기존 게임법 대비 확률형 아이템에 대한 정의가 추가되었습니다.

> 2조 13항 "확률형 아이템"이란 직·간접적으로 게임이용자가 유상으로 구매하는 게임아이템(유상으로 구매한 게임아이템과 무상으로 구매한 게임아이템을 결합하는 경우도 포함하며, 무상으로 구매한 게임아이템 간 결합은 제외한다) 중 구체적 종류, 효과 및 성능 등이 우연적 요소에 의해 결정되는 것을 말한다.

사행성 아이템(유료 확률형 아이템)을 획득 후, 다른 무료 획득 아이템과 합쳐야 하는 경우도 법안에 포함한다고 명시하고 있습니다.

이후 제59조에서는 2조에서 규정한 확률형 아이템을 판매할 때 확률 정보와 대통령령으로 정하는 사항을 표시하여야 한다고 되어 있습니다.

> 제59조(표시의무) ① 게임제작업자 또는 게임배급업자(이하 "게임제작업자등"이라 한다)은 게임을 유통시키거나 이용에 제공하기 위해서는 해당 게임 및 그 광고·선전물마다 게임제작업자 등의 상호(도서에 부수되는 게임의 경우에는 출판사의 상호를 말한다), 등급, 게임내용정보, 확률형 아이템의 종류·종류별 공급 확률정보 및 그 밖에 대통령령으로 정하는 사항을 표시하여야 한다. 다만, 게임제작업자 등은 제27조 제1항

에 따라 분류된 등급을 준수하는 범위에서 이용자 연령을 달리 표시
할 수 있다.

여기까지가 총 85페이지에 달하는 신규 법안 내용 중 사행성 아이
템(유료 확률형 아이템)에 대해 언급한 부분입니다.

이 법안의 제안 일자는 2020년 12월 15일로 되어 있고 초안이 공개
된 것은 2021년 5월 경[20]입니다만, 사람들의 관심을 받게 된 것은 유
명 게임 유튜버들과 게임 뉴스 사이트에서 언급된 1월 중순 경부터입
니다.

이 법안이 강력한 무언가라는 인식을 심어주는 데 큰 역할을 한 것
은 2월 중순, 한국게임산업협회에서 '아이템 뽑기 확률은 영업 비밀이
며, 게임사도 뽑기 확률은 모른다'는 취지의 의견서를 국회 문화체육
관광위원회 소속 의원실에 전달한 사건일 것입니다.[21]

한국게임산업협회의 의견서에 대해 법안을 낸 국회의원인 이상헌
의원 측에서 '한국게임산업협회는 확률형 아이템 법률 규제가 두려운
가'라는 성명서를 내면서 해당 법안이 게임사를 벌벌 떨게 하는 강력
한 법안이라는 인상을 주게 됩니다.[22] 이러면서 '한국 게임사는 자신
들조차 확률을 모르는 상품을 판매한 것이냐'라는 맹비난을 듣게 되고
한국게임산업협회는 해당 의견서를 수정하게 됩니다.[23]

이를 전후로 하여 사행성 아이템(유료 확률형 아이템) 관련 전반 사건

20 [전문] 게임법 전부개정안 '초안' 공개
　　 – 인벤 20.02.21
21 '아이템 뽑기' 확률 공개 움직임에…게임업계
　　 "영업 비밀"(종합) - 연합뉴스 21.02.15

사고들이 주목을 크게 받고 2021년 상반기가 관련 사건 사고로 어수선한 시기를 보내게 됩니다.

여기서는 법안의 의미와 가져올 파장을 예상하는 것에 집중할 것이므로 관련된 개별 사건, 사고는 다루지 않고 법안 자체를 중심으로 이야기하겠습니다.

우선 전부개정안의 의미와 파장을 예상하기 위해 주목할 점은 다음과 같습니다.

1. '확률형 아이템'이라는 단어와 정의가 등장
2. '확률형 아이템' 확률 정보 표시 의무화

위 두 가지가 법안의 가장 핵심적인 내용입니다.

보통 주목을 받은 것은 2. 확률 정보 표시 의무화지만, 1. 확률형 아이템에 대한 정의가 법에 명시되려는 시도는 이번이 처음으로, 굉장히 중요한 사항입니다. 현재 게임법에는 '확률형 아이템'이라는 표현이 없습니다. 그렇다면 그동안에는 확률형 아이템이 아무런 조치 없이 방치되어 있었을까요?

'공정위, '현질' 아이템 확률 부풀린 넥슨, 넷마블 등에 과징금' 등

22 이상헌 의원 성명서 - 이상헌 의원 페이스북 21.02.18
23 "오해입니다"…협회發 변동확률로 조작 의혹 휩싸인
확률형 아이템 – IT조선 21.02.15

이미 규제와 처벌이 있었음을 기사로 쉽게 찾아보실 수 있습니다.㉔

즉, 이번 확률형 아이템 법안이 없음에도 확률형 아이템 관련 처벌이 있었다는 뜻입니다. 그러면 그간 '확률형 아이템'에 대한 규제는 어떻게 이루어지고 있었는지 살펴보겠습니다.

확률형 아이템은 현재 게임물관리위원회의 '게임물 등급분류 규정'㉕에서 '사행성' 항목으로 구분되어 일종의 도박 모사나 우회 환전 요소가 있는 무언가로 취급되고 있습니다. 앞에서 다뤘다시피 국내는 대법원판결 등에 의해 게임사와 이해관계가 없는 제삼자에 의한 우회 환전의 경우에는 단속, 처벌할 수 없습니다. 사행성이 아무리 강하더라도 사행이 아니라는 겁니다. 빠찡꼬와 같은 논리라고 많은 비난을 받지만, 아무튼 대법원이 인정한 합법입니다. 그래도 '사행성'이라는 단어는 이미지가 좋지 않습니다. 강원랜드는 아니지만 준 강원랜드 비즈니스를 하고 있다는 인상이 생깁니다.

그러나, '확률형 아이템'이라는 단어로 바뀌면 신분이 세탁됩니다.

우선, 게임에서 '확률형 아이템의 정의' 개념은 소위 '가챠'가 있기 전부터 있었습니다. 대표적으로 '디아블로' 같은 게임이 있습니다. 디아블로는 몬스터를 해치웠을 때, 아이템이 확률에 의해서 생성됩니다. 사람들은 이것을 '재미'있게 여기고 문제 삼지 않았으며 이를 '확률형 아이템'이라고 불렀습니다.

그러나, 일반적인 게이머들이 '사행성'으로 문제 삼는 것은 게임을

24 공정위, '현질' 아이템 확률 부풀린 넥슨·넷마블 등에 과징금 – 조선비즈 18.04.01
25 '게임물 등급 분류 규정' - 게임물관리위원회 (2023.12.23 개정 기준)

통해 얻는 '확률형 아이템'이 아닙니다. '돈을 지불'했음에도 불확실한 결과물을 얻는 '사행성 아이템' 판매법(상술)을 문제 삼는 것입니다. 그런데 전부개정안의 '확률형 아이템'은 '유상으로 구매하는 아이템 또는 유상으로 구입한 아이템과 결합하는 아이템'으로 정의하고 있습니다.

그러면 기존의 디아블로 등에서 흔히 쓰이는, 추가 비용을 지불할 필요가 없는 아이템은 어떻게 불러야 할까요? 여전히 '확률형 아이템'입니다. 그래서 법에서 말하는 '확률형 아이템'은 사실 '유료' 확률형 아이템이 되어야 하지만 그냥 '확률형 아이템'이라고 말하고 있습니다. 그래서 반대로 디아블로 식의 아이템이 '무료' 확률형 아이템이라는 식으로 추가 설명이 필요한 상황이 되고 있습니다.

굉장히 주목할 만한 지점입니다.

사행성 아이템 상술에 대해 '확률형 아이템'이라는 표현을 처음 쓴 것이 누구인지는 확실하지 않습니다. 그러나, 일반적으로 널리 사용되기 시작한 것은 한국게임산업협회가 '확률형 아이템 자율규제 [26]라는 표현을 쓴 뒤로 추정됩니다. 한국게임산업협회의 '확률형 아이템 자율규제'가 '자율'인 만큼 지키지 않아도 별문제가 없으니 법으로 확실하게 하자는 것이 이번 전부개정안입니다.

그러나 보기에 따라서 그간 '사행성'으로 불리던 해당 상술에 대해 '확률형 아이템'이라며 게임 기획 구성 요소처럼 보이도록 한 한국게

26 확률형 아이템 자율규제 시행 안내

임산업협회의 표현을 그대로 인정해주는 것에 불과할 수 있습니다. 사행성 아이템이 '확률형 아이템'이 되는 순간, 디아블로같은 게임에서처럼 꼭 필요한 '게임 기획 요소'라는 인상을 줍니다. 게임 업체 입장에서 아주 좋은 표현입니다.

다음 항목인 '정보 표시의 의무화'를 봅시다. 이미 확률형 아이템은 한국게임산업협회에서 '자율규제'를 하고 있습니다. 대한민국의 주요 게임사는 이 '자율규제'에 잘 참여하고 있습니다. 반대로 이 자율규제에 잘 동참하지 않는 곳은 어디일까요?

다음은 2022년 3월에 한국게임산업협회의 한국게임정책자율기구에서 발표한 자율규제 미준수 게임물 목록**27**입니다.

국내 회사는 거의 없고 대부분 외국 회사입니다. 이 중에 사행성 아이템 논란으로 심각한 지적을 받는 게임은 거의 보이지 않습니다. 1위, 2위를 차지한 에이펙스나 도타2는 대부분 승부와 관련 없는 꾸미기 아이템을 판매하고 있습니다.

즉, 한국 회사는 자율규제를 잘 지키고 있고, 못된(?) 외국 회사들만 안 지키고 있는 상황입니다. 법안이 통과되면 세부 시행령에 따라 다소 차이는 있겠지만 실제로 가장 큰 타격을 받게 되는 것은 대부분 외국 회사일 것입니다.(해당 법이 외국 회사들에게는 적용되지 않을 것이라 한국 회사들에게 역차별이 될 것이라는 주장도 있습니다.)

그러면 여기까지 상황을 확인했으니, 법안이 통과됐을 경우 어떤 일

27 2022년 3월 확률형 아이템 미준수 게임물 리스트 공표
        – 한국게임정책자율기구 22.04.18

<자율규제 미준수 게임물(2022.03 기준)>

순번	게임명	유통사	개발사	유통사(개발사) 국적	캡슐형	강화형	합성형	구분	누적공표횟수
1	에이펙스 레전드	EA	Respawn Entertainment	미국	△[1]	–	–	온라인	2회
2	도타 2	Valve	Valve	미국	△[2]	–	–		
3	DK온라인	마상소프트	마상소프트	대한민국	○	X	X		
4	라이즈 오브 킹덤즈	Lilith Games	Lilith Games	중국	○	X		모바일	
5	퍼즐 오브 Z	Blanco Zone	Blanco Zone	중국	X	–	–		
6	브롤스타즈	Supercell	Supercell	핀란드	△[1]	–	–		
7	요신: 구미호뎐	JUYOU게임	XiaoMa	중국	△[2]	X	–		
8	Age of Z	Camel Games	Camel Games	중국	△[1]	–	–		
9	냥코 대전쟁	PONOS	PONOS	일본	△[1]	–	–		
10	아르미스	Netease Iteractive Entertainment PTE. LTD	Netease Iteractive Entertainment PTE. LTD	중국	△[2]	X	–		
11	라이즈 오브 엠파이어	Long Tech Network Limited	Long Tech Network Limited	중국	X	–	–		
12	라스트 쉘터: 서바이벌	Long Tech Network Limited	IM30	중국	X	–	–		
13	마피아 시티	Yotta Games	Yotta Games	중국	X	–	–		
14	미르의 전설2: 메모리즈 오브 미르	ICEBIRD GAMES	ICEBIRD GAMES	홍콩	△[2]	–	–		1회
15	엠파이어 & 퍼즐	Small Giant Games	Small Giant Games	핀란드	△[1]	○	–		
16	프리스타일2: 레볼루션 플라잉 덩크	ChangYou	ChangYou	중국	△[2]	–	–		

이 벌어질지 상상해봅시다.

　　그동안 자율 공개였던 확률이 의무 공개가 되었으니 갑자기 크게 달라질까요? 그래 보이지는 않습니다. 우선 개정안 안에는 의무 공개를 하지 않았거나 공개된 내용과 실제 제공 내용이 다를 때에 대한 구체적인 처벌 내역은 없습니다. 2023년 2월 국회를 통과한 게임산업진흥에 관한 법률 일부개정법률안에 의하면 '문화체육관광부장관은 제33조 제2항을 위반하여 확률형 아이템의 종류 및 종류별 공급 확률정보 등을 표시하지 아니하거나 거짓으로 표시한 게임물을 유통시키거나 이용에 제공한 자에 대하여 시정을 명할 수 있다. 시정을 명하기 전에 문화체육관광부장관은 시정 방안을 정하여 이에 따를 것을 권고할 수 있다'.

정도로 되어 있습니다.

따라서 벌어질 일에 대한 부분은 어느 정도 상상일 수밖에 없습니다. 대신 전부개정안이 통과되지 않은 상황에서 추가로 발의되었던 유동수 의원의 게임법 개정안—소위 컴프 가챠 금지법안—을 살펴보면 어느 정도 예상 근거가 될 수 있을 것입니다.

해당 법안에 의하면 '고의'일 경우 얻은 이익의 '최대 3배 이내'로 과징금을 받을 수 있다고 되어 있습니다. 현재는 게임법 일부개정안에 대안 반영이라며 이마저도 폐기되었습니다만, 통과되었을지라도 '고의'임을 증명하기가 쉽지 않았을 것이며 고의가 아닐 경우라면 매우 적은 과징금 정도로 마무리되었을 것으로 예상됩니다. 대부분의 경우 0.001%를 0.0001%로 표기한 담당자 실수라고 하면서 현재와 마찬

가지로 사과로 마무리될 가능성이 높았습니다.

그리고, 해당 법안 때문에 확률형 아이템 과금 방식 자체가 줄어들 거나, 확률이 나아질 것이라 기대할 수 있을까요? 아닐 것입니다. 그저 자율 공개가 의무 공개로 바뀌는 정도일 것으로 추정할 수 있습니다. 법률 조항에 과도한 과금에 대한 조항이 있으니 효과가 있지 않겠냐는 의견도 있긴 합니다. 하지만, 게임물관리위원회에서 이미 '과도한 사 행성' 심사 항목을 통해 임의 결정할 수 있음에도 불구하고 제재가 거 의 안 되는 현재 상황을 보면 해당 부분에 대한 기대도 쉽지 않습니다.

반대로 한국 게임 업체 입장이 되어 봅시다. 법안이 적용되면 어떤 이점이 있을까요? 일본 컴프 가챠 금지 사건의 교훈을 떠올려 봅시다. 일본 컴프 가챠는 심지어 '금지'였음에도 불구하고 게임 업체 측에 상 당히 긍정적인 결과를 가져왔다는 것을 이미 살펴봤습니다.

법안 통과로 인해, 가챠 방식의 판매 방법은 사행성, 즉 도박에 가깝 다는 논란이 있는 상술에서 '확률형 아이템'이라는 명칭과 지위 부여 를 통해 게임 기획의 일부가 됩니다. 적절한 규제는 필요하지만, 게임 에 꼭 필요한 기획 요소라는 이미지를 얻게 됩니다.

유료 가챠가 지금은 게임 심의의 '사행성' 항목의 심사를 받지만, 이 후에는 '확률형 아이템'이라는 별도의 항목 신설을 통해 심사받을 것입 니다.

이러면 '도박이니까 근본적으로 안된다'고 할 여지가 없어집니다. 해 당 문제에 대한 사회적 합의 없이 그냥 자연스럽게 넘어가는 것입니다.

"6월 기대작 '디아블로 이모탈' 이 나라에선 못 나온다… 왜"
기사에 의하면 벨기에와 네덜란드는 게임에서 루트박스(가챠) 방식의 판매와
게임 아이템의 이전을 불법으로 규정하고 있다.

해외에서는 가챠 판매법에 대해 '도박'으로 규정하자는 움직임이 있고 실제로 유럽 몇몇 국가에서는 완전히 도박으로 확정되어 가챠가 포함된 게임을 서비스할 수 없습니다. ㉘

앞으로 이러한 주장은 상당히 힘을 잃게 될 것입니다. 게임 업체는 '확률형 아이템은 게임 기획에 중요한 요소이며 유·무료가 얽혀있어서 완전히 분리하는 것은 안 된다'고 주장할 것입니다. 이 모두 '사행성'이 아닌 '확률형' 아이템이라는 단어가 주는 마법입니다.

그러니 이 법안 자체의 의미를 좀 더 확실히 하려면 법안이 나오기 전에 무슨 상황이 있었는지 살펴보는 것이 필요합니다.

'확률형 아이템'을 어떻게 정의할 것인가에 대해 이번 법안 전에는

28 6월 기대작 '디아블로 이모탈' 이 나라에선 못 나온다… 왜?
- 디스이즈게임 22.05.25

크게 세 가지 정도의 관점이 존재했습니다.

1. 도박이거나 준 도박

2. 판매 방식 중의 하나

3. 게임 구성 요소 중 하나

그리고, 위 3가지 중 무엇으로 정할 것인가에 따라 이후 전개가 달라질 상황이었습니다.

1. 도박이거나 준 도박

가장 강한 규제를 주장하는 의견입니다. 이럴 경우 사행성 아이템은 게임 구성 요소가 아니라 도박 요소가 됩니다. 이러면 도박 관련 사업을 관리하는 '사행산업통합관리위원회'의 담당이 됩니다. 정확히 도박은 아니고 그에 가까운 '준 도박(light gambling)'으로 규정하자고 해도 사정은 비슷해집니다. 도박이라고 해서 서비스를 못 하진 않습니다. 로또나 강원랜드도 도박이지만 정상적으로 서비스합니다.

디아블로 이모탈이 루트 박스 규제로 서비스를 포기한 벨기에, 네덜란드가 실제 이 케이스입니다.

이쪽 담당이 된다면 가챠가 포함된 게임은 '사행산업통합관리위원회'에서 관리하며 미성년자에게는 가챠를 판매할 수 없게 될 것입니다. 리니지같은 성인용 게임은 몰라도 메이플스토리라면 가챠 판매가 금지되거나 성인용 게임이 될 것입니다.

해외에서도 준 도박이며 미성년자에게 도박을 학습시킨다는 관점에서 미성년자에게 루트박스 판매를 금지하자는 의견이 있습니다.

그러나, 국내에서는 이미 사행성 아이템이 너무 광범위하게 침투한 상태이며 이를 도박이라고 규정할 경우, 게임사뿐 아니라 게이머들 대부분도 '도박을 하고 있었다'는 뜻이 되기 때문에 정서적인 반감 문제 등으로 쉽지 않아 보이는 방향입니다.

2. 판매 방식 중의 하나

이번 개정안이 올라오기 전에 가장 현실적인 대안이었습니다. 판매 방식으로 규정할 경우, 공정거래위원회에서 담당하게 됩니다. 전자상거래법에 따라 게임 내용과 무관하게 규제를 진행할 것으로 예상되었습니다. 그리고, 실제로도 이번 개정안과 상관없이 확률을 속였던 넥슨 등에 이미 처벌을 내린 바가 있습니다.㉙

게임물관리위원회는 형식상 민간단체이므로 처벌을 내릴 권한이 없습니다. 따라서 심의 거부나 취소를 통해 서비스를 못 하게 하는 것이 최대한의 권한입니다. 그러나, 공정거래위원회는 정부 기관으로 과징금을 부여할 수 있습니다. 또한 사행성 아이템이 (좋지 않은) 상술일 뿐이라는 점을 분명하게 하여 이후 점진적으로 없애야 하는 무언가라는 사회적인 합의를 얻어내는 데도 도움이 될 가능성이 있습니다.

3. 게임 구성 요소 중 하나

이번에 통과된 일부 개정안이 이 경우입니다. 기존 게임산업진흥에

29 공정위, '현질' 아이템 확률 부풀린 넥슨·넷마블 등에
과징금 – 조선비즈 18.04.01
30 공정위, 게임사 '확률형 아이템' 전자상거래법 위반
예의주시 – 연합뉴스 21.02.07

관한 법률에 확률형 아이템과 아이템 확률 공개 의무화에 관한 내용이 추가되었습니다. 이럴 경우, 현재와 마찬가지로 문화체육관광부 산하 게임물관리위원회가 관련 문제를 계속 담당하게 됩니다. 가챠가 게임 기획의 일부로 필수불가결한 무언가라는 맥락을 가지게 된다는 점은 이미 앞에서 설명했습니다.

이런저런 이유로 규제 자체는 생겨야 하는 상황에서 위와 같은 세 가지 방향이 존재할 때, 게임사 입장에서는 어떤 선택지가 가장 매력적일까요? 일본 게임사가 컴프 가챠 규제에 대해 '진격으로 대응'한 사건을 생각해보시면 답은 바로 보이실 것입니다.

실제로 개정안 법안 진에 공정거래위원회는 2019년 초에 확률형 아이템의 전자상거래법 위반 요소를 살펴보겠다 30 고 한 후, 확률형 아이템 확률 공개를 의무화하는 전자상거래법 고시 개정안을 2019년 말에 행정예고까지 한 상태 31 였습니다.

그러나, 한 문제에 대해 두 개의 정부 기관이 관여한다, 이중규제다라는 논란이 발생합니다. 이에 따라 문화체육관광부가 대신에 게임법 전부개정안에 확률형 아이템 규제안을 담겠다고 하면서 공정거래위원회가 행정예고까지 한 상태에서 손을 뗍니다. 32

이런 과정을 거쳐서 나온 것이 아이템 확률 공개 의무화 법안입니다.

31 '확률형 아이템' 칼 뺀 공정위…"문체부와 이중규제 우려 해소" - 아이뉴스24 19.12.26
32 공징위, 싱품정보제공 고시에시 '확률형 이이템' 제외 – 전자신문 20.10.29

확률 공개 의무화가 게임산업진흥에 관한 법률에 포함되었으니, 이후 한국 게임사 입장에서는 다음의 이점이 예상됩니다.

1. '확률형 아이템'이 기획 요소로 인정

가장 중요한 효과는 이번 법안 통과를 통해 확률형 아이템이 사행성 도박이냐, 아니냐라는 논쟁을 끝낼 수 있다는 점입니다. 명확하게 게임법 테두리 안에 포함되므로 사행산업관리위원회 또는 공정거래위원회가 끼어들 여지가 없어집니다.

2. 해외 게임사에 대한 진입장벽으로 작용, 경쟁작 감소 효과

확률 정보 의무 표시가 확정되더라도 이미 국내 업체는 자율로 하고 있어서 추가적인 작업이나 시스템 개발이 필요 없지만, 해외 회사들은 한국 지역만을 위해 기능을 추가해야 하는 번거로움으로 인해 한국 내 사업을 꺼리게 만드는 갈라파고스 효과를 가져올 수 있습니다. 한국 회사 입장에서는 경쟁자가 줄어들게 됩니다. 현재 자율규제 미준수 게임물 대부분이 해외 게임이라는 점을 고려할 때, 효과는 상당할 것으로 예상됩니다.

3. 공정, 투명 이미지 확보로 매출 상승 기대

사행성 초등학교 과정을 보셨으면 아시겠지만, 사행에 있어서 중요한 것은 공정함입니다. 불확실하면 오히려 사람들이 꺼리게 됩니다. 이번 법안은 확률 표시를 제대로 하라는 것이지, 사행성 아이템 상술을 장기적으로 줄여가라는 방향성을 제시하는 것이 아닙니다. 로또도 확률 표기를 제대로 하고 공정하게 추첨해야 안심하고 사람들이 합니다. 즉, 법안을 통해 안심하고 결제할 수 있는 환경이 되었다고 홍보한다면, 매출이 늘면 늘지 감소하지는 않을 것으로 예상됩니다.

추가로 게임물관리위원회도 문화콘텐츠에 대한 사전 검열이라고 하여 장기적으로 없어져야 한다는 의견이 꾸준히 있었는데, 이 법안을 통해 존재감을 확실히 하게 되니 이익이 됩니다.

일본과 같은 대부분 국가는 게임 사전 검열이 없기 때문에 심의를 받지 않아도 게임을 판매, 서비스하는 데 문제가 없습니다. 그렇다 보니 컴프 가챠의 경우, 게임 심의 기관이 아닌 공정거래위원회에 해당하는 소비자청에서 담당하는 형태로 정리되었습니다. 역시 도박이 아니라는 면죄부를 받은 셈입니다.

이렇게 해서 아이템 확률 공개 의무화 법안이 일본 컴프 가챠 사례와 유사하게 게임사에 철퇴를 내리는 것처럼 보이나, 실상은 그와 달리 대형 게임사에게 매우 유리한 법안임을 살펴보았습니다.

다음 장에서는 확률형 아이템 기획을 특허로 등록한 넥슨의 사례를 살펴보면서 사행성 설계가 어느 정도까지 고도화되어 있는지 살펴보도록 하겠습니다.

마지막으로 이 책의 본문 내에서 의도적으로 '유료 확률형 아이템'을 '사행성 아이템'이라고 언급했습니다. 이제 두 단어로부터 같은 판매 상품에 대해 다른 표현이 가능하고 다른 인상을 줄 수 있다는 점을 느끼셨을 겁니다. 이 부분이 게임법에서 확률형 아이템 규정을 통해 얻게 되는 이점 중 하나라는 것을 다시 한번 말씀드리면서 이번 파트를 마칩니다.

사행성 설계, 어디까지 왔나?

넥슨의 가챠 특허 알아보기

2021년 6월경에 '넥슨, 확률제어시스템으로 특허냈다' 라는 뉴스**33**
가 뜬금없이 게임 매체도 아니고 에너지경제라는 곳에서 나왔습니다.

사행성 아이템 문제로 한참 시끄럽던 시기가 약간 지난 시점에 나
온 기사여서인지, 아니면 다른 이유인지 모르겠지만, 게임법 전부개정
안이나 소위 보보보 사건 등에 비하면 그다지 사람들 입에 오르내리지
않았습니다.

기사에 의하면 넥슨은 2017년경부터 꾸준히 게임 내 뽑기 확률을
제어하는 시스템에 대한 특허를 다수 출원해 놓았다고 합니다.

역시 같은 기사에 의하면 이에 대해 넥슨 측은 "이용자가 원하는 아
이템의 확률을 상향 조정해 이용자들에게 만족도를 주기 위해 고안된

33 넥슨, 확률제어시스템으로 특허 냈나 – 에너지경제 21.06.09

것이지 다른 의도가 있는 것은 아니다"라며 "관련 특허를 출원한 것은 맞지만 단순 아이디어 차원이었을 뿐, 이를 실제 게임에 적용하지 않았다"고 강조했다고 합니다.

특허는 특허정보넷 키프리스❸❹에서 누구나 그 내용을 확인할 수 있습니다. 직접 찾아가 보니 기사에 소개된 것들 외에도 다양한 사행성 아이템 특허가 넥슨코리아라는 이름으로 등록되어 있었습니다.

이에 사행성 중학교 2학년 과정으로 넥슨의 사행성 아이템 특허 중 일부를 소개, 해석해 보도록 하겠습니다. 해석은 넥슨 측이 공식적으로 밝힌 것은 아니므로 특허 등록자의 의도와 본문의 해석이 다를 수 있음은 감안해 주시기 바랍니다.

또한 사행성 아이템 관련 특허명이 비슷비슷하고 심지어 같은 경우도 있었기에 정확한 원본을 확인하고 싶으실 경우 공개 번호를 사용하여 확인해 보시길 부탁드리겠습니다.

1. 가챠 시스템의 확률 제어 장치, 방법 및 컴퓨터 프로그램

   (공개번호: 1020190049136)

이 특허는 아주 기본적인 사행성 테크닉에 대한 특허입니다.

해석에 앞서 해당 특허의 설명 일부를 발췌해 보겠습니다. 굵은 글씨는 제가 임의로 표시한 부분이며 원문은 따로 굵은 글씨로 표기되어 있지 않습니다.

34 특허정보넷 키프리스 홈페이지

특허 내용에 의하면 해결하려는 문제는 다음과 같습니다.

[0005] 가챠 시스템은 소정 수량의 게임 재화를 지불함으로써 이용할 수 있다. 그러나, **기존의 가챠 시스템은 유료 재화를 사용할 때와 무료 재화를 사용할 때의 가챠 시스템의 확률에 차이가 없었으므로 사용자의 게임 재화의 구매율이 하락하는 문제점이 존재**하였다. 따라서, 이러한 문제점을 해결하는 개선된 가챠 시스템이 요구되고 있다.

무료와 유료의 확률에 차이가 없는 것이 해결해야 할 문제라고 합니다. 해결법은?

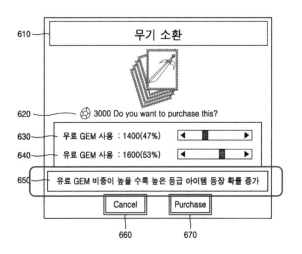

유료 재화를 사용할 경우, 높은 등급 아이템 등장 확률을 증가시키면 '게임 재화의 구매 의욕을 향상 시킬 수 있으며, 사용자의 가챠 시스템의 이용 횟수를 증가' 시킬 수 있다고 합니다.

<u>1100</u>

유료 재화 비율	획득 확정 등급(방법 1)	획득 확정 개수(방법 2)
59% 이하	6 등급 1개 확정	8개 확정(8개 이상)
60~69%	5 등급 1개 확정	9개 확정(9개 이상)
70~79%	4 등급 1개 확정	10개 확정(10개 이상)
80~89%	3 등급 1개 확정	11개 확정(11개 이상)
90~99%	2 등급 1개 확정	12개 확정(12개 이상)
100%	1 등급 1개 확정	13개 확정(13개 이상)

1120 / 1140 / 1160

특허에 들어있는 확률 변동 예시 표를 보면 흥미로운 지점을 볼 수 있습니다. 일반적으로 유료 가챠와 무료 가챠의 확률이 다른 경우는 가챠 선택 단계부터 다른 가챠임을 쉽게 알 수 있게 되어있습니다.

예를 들면 유료 가챠는 좀 더 화려하고 멋진 가챠 그래픽이고 무료 가챠는 상대적으로 심심한 가챠 그래픽으로 되어 있는 식입니다. 그리고, 유료 가챠는 유료 재화로만 가챠를 하고 무료 가챠는 무료 재화로만 합니다.

그러나, 이 특허의 경우는 기본 가챠 확률 테이블이 있고 거기에 사용자가 유료 재화를 얼마를 섞을 것인지에 따라 확률이 변화하는 형태라는 점이 흥미롭습니다.

이렇게 하면 사용자는 정확한 확률을 알아내는데 더 복잡한 과정을 거쳐야 하며 해당 가챠가 정확히 어느 정도의 가치를 가졌는지 알기 어려워집니다.

법률에 '소비자 오인성'**35**이라는 개념이 있습니다. 이는 판매자가

35 국가법령정보센터 - 부당한 표시·광고행위의 유형 및 기준 지정고시

소비자를 속이거나 소비자로 하여금 잘못 알게 할 우려가 있는 표시법을 막기 위한 법률 개념입니다. 주로 금융 상품 등에서 복잡한 표현을 써서 '모든 정보와 금융 상품의 위험을 소비자에게 다 알려줬다'고 하면서 빠져나가려고 하는 경우를 막는 데 자주 사용되는 개념입니다.

그래서 '소비자 오인성' 판단은 법률에 의하면 '보통의 주의력을 가진 일반 소비자가 해당 표시, 광고를 받아들이는 전체적, 궁극적인 인상을 기준으로 객관적으로 판단'한다고 합니다. 반대로 말하자면 **최대한 복잡하게 정보를 주면 해석을 포기하거나 잘못 이해한 소비자의 구매를 촉진할 수 있다**는 뜻입니다. 그게 효과가 확실하다 보니 법으로 금지된 것이라는 뜻입니다.

유, 무료 혼합 가챠가 이에 해당한다는 지적은 그간 꾸준히 있었습니다. 만약에 가챠를 상술로 보아 공정거래위원회가 담당한다면 '소비자 오인성'을 기준으로 사행성 아이템의 판매 방식이나 구성 자체가 일정 이상 복잡하게 되는 것을 막을 수 있는 여지가 생깁니다.

그러나, 확률형 아이템의 정의가 게임법에 포함되어 게임 기획의 일부라는 우회 판정을 받은 셈이니, 게임 기획은 원래 복잡해야 재미가 생긴다, 단순하게 만들면 게임이 재미없어진다는 논리가 나올 수 있게 되었고, 이제 이 부분은 그냥 넘어가게 될 가능성이 높아졌습니다.

이 특허는 이런 소비자 오인성의 효과를 노리는 특허라고 볼 수 있습니다. 유, 무료 재화의 최적 비율과 그로 인해 얻게 되는 게임 내 혜택을 정확하게 수학적으로 판단한다는 것은 '보통의 주의력을 가진 일반 소비자가' 쉽게 하기는 어렵기 때문입니다.

2. 티켓 보유 기간에 따른 가챠 시스템 제어 방법, 장치 및 컴퓨터 프로그램

(공개번호: 1020190107935)

이 특허는 가챠 티켓 보유 기간에 따른 가챠 시스템 제어에 관한 특허입니다. 우선 해당 특허의 문제 제시 부분을 발췌해 보겠습니다.

> [0005] 그러나 종래의 가챠 시스템은 즉시성, 일회성, 소모성 측면이 강하여 온라인 게임을 지속적으로 이용하도록 유도하지 못했다. 또한 가챠 시스템을 통해 제공받은 아이템이 사용자의 요구사항과 부합하지 않는 경우, 사용자는 온라인 게임을 쉽게 그만두는 문제점이 존재하였다.
> [0006] 따라서, **가챠 시스템을 이용하면서도 사용자의 장기적 게임 이용을 유도**할 수 있는 개선된 가챠 시스템이 요구되고 있다.

어떻게 하면 가챠 시스템을 이용하면서도 사용자의 장기적 게임 이용을 유도할 수 있을까요?

아이템 확률 \ 보유 기간	1일	2일	3일	
2성	50%	40%	35%	···
3성	40%	45%	35%	
4성	10%	10%	30%	

특허에 제시된 예시 표를 보시면 아시겠지만 가챠 티켓 보유 기간에 따라 가챠 확률이 상승하게 되어있습니다. 이러면 무슨 일이 일어날까요?

다음 효과가 예상됩니다.

가챠 티켓을 사놓고 묵혀 놓으면 확률이 올라간다는 것이니 당장 뽑을 가챠가 없어도 미리 사놓는 사람들이 등장할 것입니다. 그것이 이 특허의 진정한 효과가 아닐까 싶습니다. 이러면 아직 나오지도 않은 미래의 가챠 업데이트의 확률 상승을 기대하여 선결제하는 사용자가 발생할 것입니다.

기업 입장에서는 만들지도 않은 콘텐츠에 대해 수익을 올릴 수 있으니 현금 흐름 측면에서 매우 좋은 판매법이라 할 수 있습니다. 이 접근법은 캐시를 미리 충전하면 추가 캐시를 지급한다는 발상의 연장선으로 보입니다. 추가 캐시의 경우 현금에 준하는 것을 제공하는 것이므로 판매 후 사후 처리를 확실히 해야 합니다. 그러나 가챠 티켓 보유 방식일 경우, 확률을 상승시켜줄 뿐이므로 추가 캐시와 달리 부담이 훨씬 적다는 이점이 있다고 할 수 있습니다.

확률을 상향 조정한다는 기획이나 이벤트 대부분은 조삼모사일 경우가 많습니다. 게임 쪽에서 유명한 기획 사례로 월드 오브 워크래프트의 피로도 시스템이 있습니다. 월드 오브 워크래프트 초기의 피로도 시스템은 플레이어가 장시간 게임을 하지 않도록 권하기 위해 만들어진 좋은 취지의 시스템입니다.

초기 시스템 설명은 '피로가 쌓이면 경험치 획득이 50% 감소'였습니다. 그러자, 좋은 취지의 시스템이었음에도 이에 대해 플레이어들이 강한 반발을 했습니다. 이에 블리자드는 고민하게 됩니다. 그래서 피로도 시스템의 기획을 다음과 같이 변경했더니 불만이 없어졌다고 합니다.

'피로가 완전히 회복되면 경험치 획득이 200%로 증가'

'피로가 쌓이면 경험치 획득이 50% 감소'와 '피로가 회복되면 경험치 획득이 200% 증가'는 수학적으로는 완전히 동일한 내용입니다. 그러나, 표현을 긍정적으로 바꾸자 고객들의 불만이 사라진 것입니다.

이는 행동경제학 이론 등에서도 이미 검증된 방식입니다. '수술 실패율 30%'라고 설명하면 수술을 안 하려 하지만 '수술 성공률 70%'라고 하면 환자가 수술에 대해 긍정적인 시각을 가진다는 겁니다.

확률 상향 조정도 마찬가지입니다. 실제로는 가챠 티켓을 사서 일정 기간 보유하지 않으면 확률이 떨어진다는 기획이라고 보면 됩니다. 왜냐하면, 확률이 어때야 한다는 기준점이 없기 때문입니다. 고객이 선

결제해서 일정 기간 보유하는 것을 전제로 확률 테이블을 설계한 후, 그렇지 않은 경우의 확률을 낮추는 방식으로 기획하면 됩니다.

사행성 아이템은 그냥 확률로만 팔면 되는 쉬운 판매 방식이기도 하지만, 워낙에 큰돈이 되는 비즈니스다 보니 이 정도로 사용자의 심리를 분석하고 연구해서 설계하고 있다는 점을 염두에 두시면 좋을 것 같습니다.

3. 사용자 정의 가챠 이벤트 제공장치, 방법 및 컴퓨터 프로그램
   (공개번호: 1020190021097)

사용자 정의 가챠 역시 매우 흥미로운 특허입니다. 해결하려는 과제 부분을 보면 다음과 같습니다.

[0005] 종래의 가챠 시스템은 사용자가 원하지 않는 아이템이 지급될 확률이 높고, 사행성 시스템으로 취급되어 사용자들이 이용이 불편함을 느낄 뿐만 아니라, 사용자의 이용횟수가 줄어드는 문제점이 존재하였다. 따라서, 이러한 문제점을 해결하면서도 사용자의 흥미를 유발할 수 있는 개선된 방법이 요구되고 있다.

해결하려는 과제

[0006] **사용자가 직접 가챠 시스템을 통해 획득하고자 하는 아이템 및 아이템의 당첨 확률을 조절**할 수 있도록 하여 사용자의 만족도를 높

일 수 있도록 한다.

[0007] 또한 사용자가 정의한 가챠 시스템의 이용 금액을 적응적으로 조절함으로써 게임 서비스 제공 업체의 만족도 또한 높일 수 있도록 한다.

사용자가 직접 가챠 시스템을 통해 획득하고자 하는 아이템 및 아이템의 당첨 확률을 조절할 수 있다는 특허입니다. 기존에도 게임에 따라 획득을 원하는 아이템이나 카드를 지정하면 해당 아이템이나 카드의 확률이 약간 상승하거나 소위 천장이라는, 언젠가는 반드시 얻게 해주는 방식이 존재했습니다.

그러나, 이 기획은 좀 더 특별합니다.

아래 표와 같은 가챠 구성표가 존재하며 가챠 구성 내용을 조절하면

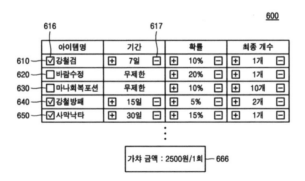

1회 들어가는 가챠 비용이 조절되는 방식입니다. 특허 내용에는 정확하게 나오지 않았지만 실제 적용하게 된다면 가중치의 상한, 하한이

	가중치	확률	최종수량	가차 가격
	761	762	763	764
아이템명	**가중치**	**확률**	**최종수량**	**가차 가격**
710 — 강철검	3	30%	1	900
720 — 바람수정	2	20%	2	400
730 — 마나회복포션	1	10%	10	1000
740 — 강철방패	3	0%	0	0
750 — 사막낙타	4	40%	1	1600

총 가차 가격 : 3900원/1회

존재하는 방식이 될 것으로 예상됩니다. 예시에는 확률이 20~30% 정도로 후하게 되어 있지만 실제 요즘 서비스되는 가챠 확률을 잠깐 생각해봅시다. 0.0002%에서 0.0003%으로 확률을 올리는 데는 추가 비용을 얼마로 내는 것이 적절할까요? 심지어 그 아이템이 최종으로 원하는 아이템도 아니고 최종 아이템을 위한 합성 소재라면 말이죠.

이렇게 결제 옵션을 복잡하게 하면 할수록 금액에 민감한 소비자와 그렇지 않은 소비자를 구분해내기 쉬워집니다. 이를 통해 이를 고민하기 싫어하는 사용자로부터 추가적인 과금을 끌어낼 수 있습니다. 복잡한 핸드폰 요금 체계처럼 말이죠.

4. 가챠 이벤트 실행에 따른 누적 보상을 제공하는 방법 및 장치

이 특허는 가챠 이벤트 실행에 따른 누적 보상을 제공하는 방식에 관한 내용입니다.

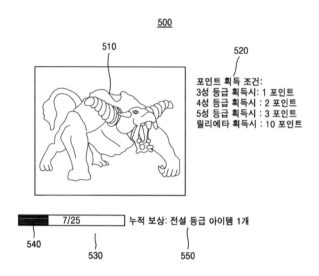

가챠를 돌리면 가챠 결과에 따라 포인트를 받고 그게 다 차면 추가 보상을 받는 시스템입니다. 결제 금액에 따른 포인트 보상을 받는 경우는 이미 있습니다. 그러나, 그럴 경우엔 보통 금액에 비례하여 고정적으로 지급됩니다. 하지만 이 기획은 그 보상이 가챠에서 나온 결과물에 연동되므로 불확실하다는 점이 주목할 부분입니다.

사용자가 실제 원하는 것은 이미지에서도 '누적 보상: 전설 등급 아이템 1개'라고 쓰여 있는 것을 볼 수 있듯이 추가 보상 자체일 것입니다. 이 특허는 컴프 가챠와 언젠가는 나오는 천장 가챠를 섞은 방식이라고 볼 수 있습니다. 이러면 실제 원하는 아이템인 전설 등급 아이템을 얻기 위한 최종 금액을 가늠하기 더 어려워집니다.

또한 아래 표들에서 보이듯이

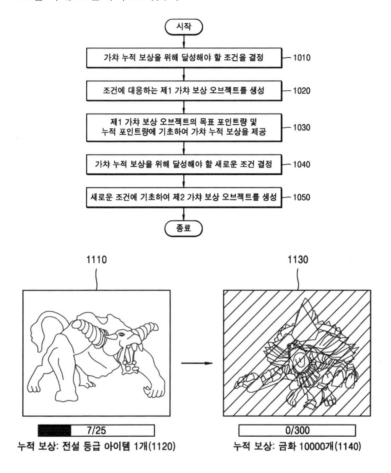

누적 보상: 전설 등급 아이템 1개(1120)

누적 보상: 금화 10000개(1140)

추가 누적 보상: 아이템 50% 할인권(1150)

누적 보상을 받으면 다른 제2 누적 보상 가챠가 열리는 형태로 해서 끊임없이 가챠를 시도하도록 하는 특허입니다.

이벤트 던전을 다시 돌면 보상이 달라지는 개념을 차용한 것으로 보입니다. 넥슨의 특허들은 이처럼 기존의 개념들을 섞어 더욱 복잡한 구조를 만들어내는 경우가 많습니다.

이미 앞에서 설명한 바와 같이 이런 구성이 유료 판매 상품에 포함될 경우, 고객은 자신이 원하는 물품을 얻는 데 얼마만큼의 노력과 비용이 들어갈지 가늠하기 어려워서 예상보다 더 많은 지출을 하게 됩니다. 상법에서는 판매 상품을 일정 이상으로 복잡하게 만들지 못하게 되어 있으나, 게임법에는 그런 제약이 없다는 점을 이용한 특허들이라 할 수 있습니다.

5. 가챠 이벤트 실행 결과 제공 방법 및 장치
(공개번호 : 1020200082375)

이번에는 선별 가챠라는 개념이 나옵니다. 우선 특허 본문을 보겠습니다.

> [0004] 다만, 구매 비용을 지급한 이후 가챠 이벤트의 실행 결과가 실망스러운 경우 많은 사용자들이 게임 플레이를 중단하게 되는 경우가 발생한다. 따라서, 사용자의 구매 의욕을 향상시키면서도 사용자가 실망감을 느끼지 않고, 사용자에게 적절한 비용 보상이 제공되도록 느낄 수 있는 가챠 시스템의 개발이 요구되고 있다.
>
> [0042] 본 개시의 선별 가챠란 가챠 이벤트 실행에 대한 결과에 대한 비용을 지불하기 이전, 가챠 이벤트 실행에 대한 결과에 대한 비용보다 적은 비용을 별도로 지불하거나 또는 무료로 가챠 이벤트 실행에 따라 사용자 계정이 획득하게 될 결과에 대한 정보(예를 들면, 획득할 적

어도 하나의 **아이템에 대한 정보)를 미리 본 이후, 가챠 이벤트 실행 결과에 대응하는 아이템을 구매할 지 여부를 결정(구매 확정)하는 가챠 시스템**일 수 있다.

읽어서는 정확히 무엇을 하는 내용인지 알기 힘듭니다.
아래 이미지를 보면서 설명하겠습니다.

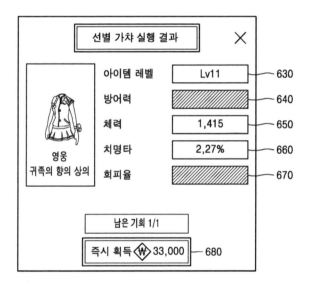

이미지를 보면 아이템의 성능을 모두 보여주지 않고 일부만 보여줍니다. 나머지 능력치가 무엇인지 알 수 없습니다. 비용을 추가하면 가려진 능력치 하나를 추가로 보여주는 것으로 추정되는 특허입니다. 이렇게 했는데 마음에 안 든다면? 아마 능력치를 열어보는데 든 비용은 돌려주지 않을 것 같습니다.
특허 내용 설명을 보면 어떤 의도로 만들었는지 알 수 있습니다.

[0113] (중략) 선별 가챠 결과의 일부 정보만을 제공함으로써 사용자의 스릴 및 만족감을 증대시키면서, 가챠 이벤트 실행 비용을 최대 비용을 그대로 유지하고, 미리 보기 권한을 별도로 판매하여 사용자의 부담을 줄이면서도 서비스 제공자의 매출을 증대시킬 수도 있다.

이 특허는 포커에서 콜이나 레이즈를 하면 추가 패를 받아서 마지막에 맞춰질 패를 예측하는 룰을 가챠에 가져오려고 한 것으로 보입니다.

기존 가챠는 사행성 문제를 피하고자 경품이라는 형태를 취하고 있습니다. 그래서, 꽝이 없습니다. 고객이 느끼기에 꽝에 해당할지라도 뭔가 주긴 줍니다. 그러나, 이 특허를 사용한다면 사용자가 자발적으로 구매를 포기했다는 형식이 됩니다. 따라서 실질적으로 꽝이면서도 해당 문제를 미묘하게 피해 나갈 수 있는 특허라고 할 수 있습니다.

미리 보기 티켓에 대해서도 다음과 같이 한 번 더 고민한 내용이 들어가 있습니다.

예를 들면 사용자 계정이 **브론즈 등급의 미리 보기 권한**을 구매한 경우라면 게임 제공 장치는 선별 가챠 이벤트의 실행 결과 정보에 대해 다섯가지 아이템, 세가지 항목의 능력 정보, 윤곽 표시 방법을 통한 외형 정보의 표시를 결정할 수 있고, **골드 등급의 미리 보기 권한**을 구매한 경우라면, 게임 제공 장치는 선별 가챠 이벤트의 실행 결과 정보에 대해 일곱가지 아이템, 다섯가지 항목의 능력 정보, 모자이크 표시 방법을 통한 외형 정보의 표시를 결정할 수 있다.

미리보기를 유료로 판매하는 것을 넘어서 미리보기에 등급을 나눠 추가 판매도 고려한 것으로 보입니다.

6. 대리 가챠 실행 기능을 제공하는 시스템 제공 방법 및 장치

(공개번호 : 1020200032559)

이번에는 제목만 읽어봐도 흥미진진합니다.

우선 특허 설명 부분을 살펴보도록 하겠습니다.

> 각 사용자 계정마다 적용되는 아이템 획득 확률 및 순서는 소정의 범위 내에서 상이할 수 있어 사용자가 체감하는 확률이 크게 달라질 수 있다. 따라서, **사용자들은 다른 사용자가 자신을 대신하여 가챠 이벤트를 실행해주기를 원하는 경우가 종종 발생**하곤 한다.

일단 유·무료를 떠나서 게임 내에서 아이템의 획득 확률이 변하는 경우는 많이 있습니다. 따라서 확률이 변하는 것 자체를 문제 삼기는 어렵습니다.

예를 들자면 사용자의 장비에 따라 확률을 변경하는 경우, 게임에 따라서는 소유한 무기의 드랍률을 떨어뜨리고 다른 아이템의 확률을 올려서 사용자가 같은 것만 계속 얻지 않도록 설계하기도 합니다.

사용자의 레벨에 따라 확률을 변경하는 경우, 사용자가 특정 등급에 도달하면 사용자의 권장 레벨보다 낮은 아이템은 덜 나오게 하고 사용자의 권장 레벨보다 높은 아이템이 나오도록 조정해주는 경우가 있습니다. 또는 사용자의 권장 레벨보다 낮은 몬스터를 해치울 때 얻는 경험치를 낮춰서 자연스럽게 다음 지역으로 유도하는 경우도 있습니다.

문제는 유료 가챠가 생기면서입니다. 유료 가챠의 매출을 올리기 위해 무료 가챠의 확률을 낮추거나 사용자가 특정 아이템을 원한다는 상황이 파악되면 해당 아이템의 확률을 더 낮추는 기획들이 들어간 것이 문제라고 할 수 있습니다.

그런데 이 특허에서는 그 문제의 해결을 '다른 사용자가 자신을 대신하여 가챠 이벤트를 실행'해주길 원한다는 가정을 하고 있습니다. 어떤 게임에서 대리로 가챠를 돌려야 하는 상황이 발생할지 짐작이 잘 가지 않습니다. 따라서, 이 특허는 대리 가챠 기능을 위해 없는 필요를 억지로 만든 것 아닌가 생각됩니다.

이 특허에서 말하는 대리 가챠의 뜻을 보도록 하겠습니다.

대리 가챠 기능이란 제1 사용자 계정이 보유한 가챠 티켓의 실행을 제2 사용자 계정이 대신 실행하고, **제2 사용자 계정이 제1 사용자 계정의 가챠 티켓을 실행함으로써 획득하게 되는 아이템은 제1 사용자 계정에게 귀속**되는 기능을 의미할 수 있다.

일단 내용을 읽어보면 사람마다 가챠 확률이 다르게 적용되는 것이 당연한 전제로 깔려있음을 알 수 있습니다. 대리 가챠는 확률이 좋은 계정이 확률이 나쁜 계정에서 가챠 티켓을 가져와 대리로 돌리고 결과물은 본계정으로 간다는 뜻으로 보입니다.

특허 문서에 제시된 예시 화면을 보면 더 흥미롭습니다.

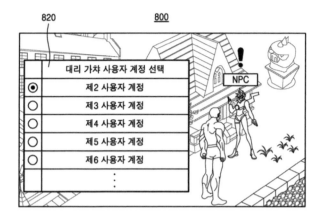

특이하게도 대리 가챠러 순위라는 것을 제공합니다.

일단 플레이어마다 가챠 확률이 이런저런 조건-클래스, 레벨, 장비 아이템, 퀘스트 진행 상황 등-에 따라 다를 것이고 이 조건이 공개되어 있을 것 같습니다. 그래야 사용자 간에 가챠 확률을 비교할 수 있을 테니까요.

이럴 경우, 게임 플레이에 유리한 캐릭터 상태면 가챠 확률이 나쁘고 그 반대러면 확률이 상대적으로 나을 것입니다. 그래야 고레벨, 고과금 사용자가 다른 사람에게 가챠를 대리로 시킬 동기가 발생할 것입니다.

이럴 경우 대리 결제에 좋은 부계정을 여러개-특정 아이템 가챠 확률에 특화한 형태로 키운 캐릭터가 여럿 필요-를 만들어서 키우고 본캐에 아이템을 몰아주는 플레이가 나올 것으로 보입니다.

최강 캐릭터를 만들기 위해서는 부캐를 여러 개 키워야 하도록 압박을 주는 시스템이 아닐까 싶습니다.

이렇게 해도 여전히 대리 가챠 순위의 용도가 애매한데 특허에 해당 설명이 나와 있습니다.

> 점수 정보는 가챠 이벤트를 대리하여 실행한 결과에 따라 획득한 아이템 등급을 소정의 점수로 변환한 점수일 수 있다. 예를 들면 대리 가챠를 통해 전설 등급 아이템을 획득한 경우 5점, 영웅 등급 아이템을 획득한 경우 3점일 수 있다.
>
> (중략) 사용자는 서버에 의해 제공되는 순위표에 기초하여 가챠 이벤트의 대리 실행을 위임할 사용자 계정을 결정할 수도 있다.

대리 의뢰받은 횟수가 아니라 대리로 나온 결과물의 가치에 따라 가챠러 순위가 정해집니다. 그리고, 점수가 좋으면 대리 가챠러 랭킹에 올라 다른 플레이어들로부터 대리 의뢰를 더 많이 받을 가능성이 올라가는 시스템입니다. 이러면 대리 가챠 확률만 높도록 성장시킨 일종의 대리 가챠 전용 캐릭터를 만드는 게임플레이가 발생할 수 있다고 생각됩니다. 소위 대리 가챠 메타가 등장한다는 것입니다.

고전 RPG에서 다른 능력치는 나쁜데 행운 수치만 높은 캐릭터를 만들어서 해당 캐릭터에게 상자를 열게하는 독특한 플레이가 가능한 경우도 있었는데 이것의 21세기 버전이 아닐까 싶습니다.

부캐나 부계정을 만들게 하는 것은 앞의 사행성 초등학교 과정에서 살펴본 대로 1인이 여러 게임에 참여하게 하여 참가금을 올리는 검증된 테크닉입니다.

7. 아이템 제공 장치 및 방법

(공개번호 : 1020200003660)

제목만 보면 뭔지 알기 힘든 특허입니다. 하지만 이번 넥슨 가챠 특허 중 가장 흥미로운 특허라고 해도 될 만한 내용을 담고 있습니다. 특허 설명을 보겠습니다.

> 현재 가챠 시스템에서 가챠는 대부분 유저 개인이 직접 구매하여 개인이 직접 개봉하는 형태로 활용될 뿐 타 유저와의 협업을 통해 개봉하도록 활용할 수 없는 문제점이 있었다.
>
> (중략) **가챠의 오픈에 투자할 유저를 모집하여 가챠의 오픈 비용에 상응하는 금액을 투자받으면 가챠를 오픈하고 상기 유저에게 아이템을 분배**하는 제어부를 포함한다.

기존 가챠는 혼자 가챠를 돌리는 게 문제라 협동으로 가챠를 열게 합니다. 그래서 가챠를 오픈하는데 투자를 받도록 유도하는 특허입니다. 일종의 가챠 크라우드 펀딩 같은 걸까요?

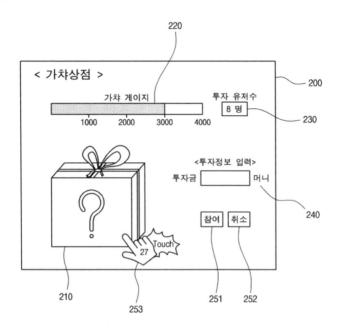

위의 이미지를 보시면 가챠 게이지가 있습니다. 이 가챠 게이지를 채울 다른 투자자를 시간 내에 모아 오는 시스템이라고 합니다.

그런데 투자라는 말을 쓰려면 나온 결과물이 재산상의 가치가 있고 원금보다 늘어날 가능성이 있어야 합니다. 그러니 이걸 투자라고 말하는 것은 어울리지 않는 것 같습니다. 이는 사행성 아이템을 확률형 아이템이라고 하는 것처럼 용어 혼란을 주기 위한 방법입니다. 그러니 말이 투자지, 사실상 시간 내에 같이 가챠를 돌릴 사람들을 모아와서 함께 가챠를 돌리면 보상을 준다는 시스템이라는 뜻입니다.

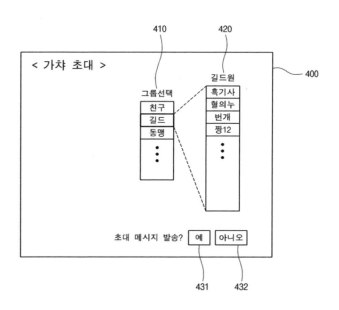

유저 (터치횟수)	아이템	공격력	방어력	개수	머니
제 1 유저 (20회)	Lv1↑	+ 5	+ 5	+1	100↑
제 2 유저 (40회)	Lv2↑	+ 10	+ 10	+2	200↑
제 3 유저 (60회)	Lv3↑	+ 15	+ 15	+3	300↑

또한 위 표와 같이 모아온 사람들의 수나 총금액에 따라 나오는 가챠의 수준이 올라갑니다. 친구나 길드원들을 시간 내에 불러올 수 있도록 초대 메시지를 보낼 수도 있습니다.

조금 저렴하게 표현하면 가챠 현질 레이드로 보입니다. 귀찮고 시간 아까운 보스 레이드를 반복해서 돌지 말고 길드원이 모여서 집단 가챠 한 번 돌리고 랜덤 보상 받으라는 뜻 같습니다.

추가로 위에 소개한 '가챠 상점' 이미지에 손가락 '터치' 이미지가 있고 '가챠 초대' 이미지에도 '유저(터치 횟수)'라는 내용이 나옵니다. 이에 대한 특허 문서의 설명은 다음과 같습니다.

> 가챠의 오픈에 터치 이벤트를 추가할 수 있다. **터치 이벤트는 유저의 터치 횟수를 카운트하고, 터치 횟수에 따라 게임 내에서 다양한 보상을 제공하는 이벤트**이다.

가챠에 투자하면 일정 횟수 터치를 할 수 있고 터치를 많이 하면 보상이 늘어난다고 합니다. 가챠에 투자해서 얻을 수 있는 터치 횟수가 확정이 아니라면 더욱 흥미진진한 가챠 현질 레이드가 될 것 같습니다.

8. 확률형 아이템 제공 시스템의 제어 방법, 장치 및 컴퓨터 프로그램
(공개번호: 1020200006341)

이 역시 제목만 봐서는 무슨 특허인지 알 수 없습니다만, 변동 확률에 관한 특허입니다. 특허 설명은 다음과 같습니다.

> 제1 시간 구간 동안의 아이템 제공 시스템의 이용량을 측정하는 단계: 상기 측정 결과와 제1 임계값과 비교하는 단계: 상기 비교 결과에 기초하여, **상기 제1 시간 구간 이후의 제2 시간 구간 동안의 상기 아이템 제공 시스템의 확률을 소정의 범위 내에서 변경**하는 단계를 포함할 수 있다.

시간 구간 동안 이용량을 측정해서 다음 구간에 아이템 확률을 조정한다. 글만 봐서는 알쏭달쏭할 수 있습니다만, 그림까지 보면 확실해집니다.

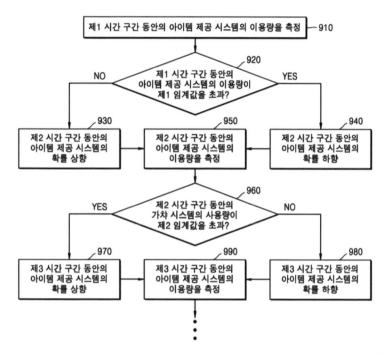

일정 시간 동안 가챠의 이용 상황을 체크해서 이용률이 높으면 확률을 낮추고, 이용률이 낮으면 확률을 높여준다는 특허입니다.

흐름도를 보시면 아시겠지만, 확률을 낮췄는데도 이용량이 좋으면 2단계, 3단계로 계속 낮춘다는 치밀함까지 갖추고 있습니다.

구글 광고 키워드 경매나 호텔 리조트에서 성수기에 가격을 올리는 경우에서 착안한 것으로 보입니다. 성수기 가격 상승의 경우에는 금액이 상승한 것이므로 고객이 비교적 오해 없이 구매 여부를 결정할 수가 있습니다. 그러나, 확률 하락의 경우 가격은 그대로고 확률이 낮아진 것만으로는 고객이 정확하게 판단하기 어렵다는 점에서 무엇을 노리는지 알 수 있는 특허입니다.

예를 들자면 0.0001% 가챠가 자동으로 0.00009%가 되었다고 하면 이것이 과연 어느 정도의 가격 손해를 감수해야 하는 것인지 별도의 계산 없이 바로 결정해서 가챠 진행 여부를 판단할 수 있을지요?

9. 아이템 제공 장치 및 방법

(공개번호 : 1020210029415)

역시 제목만으로는 내용을 알기 힘든 특허입니다.

> 본 명세서에서 개시되는 실시예들은, 게임 내에서 친구관계에 있는 유저들 간의 친밀도를 향상시킬 수 있는 아이템 제공 장치 및 방법을 제시하는데 목적이 있다.

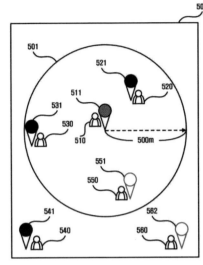

아이템 등급	친구유저수 (반경 500m 이내)	획득확률(B위치)
아이템 등급 S	0	2%
아이템 등급 S	1	2.25%
아이템 등급 S	2	2.5%
아이템 등급 S	3	2.75%
아이템 등급 S	4	3%

GPS를 이용하여 실제로 근처에 친구가 많으면 가챠 확률이 상승한다는 특허입니다. 대개의 경우라면 GPS를 조작하거나 부계정을 만들어서 근처에 친구가 많은 것처럼 위장하여 확률을 높일 가능성이 높아 보입니다. 넥슨에서 그 정도를 생각 못 했을 것 같지는 않고 오히려 그것을 감안한 특허라면 이해가 됩니다.

아이템 등급	친구유저수 (반경 500m 이내)	친구A	친구B	획득확률	
아이템 등급 S	2	30Lv	20Lv	2.5%	710
아이템 등급 S	2	40Lv	30Lv	2.6%	720

왜냐하면 위 이미지처럼 단순히 친구 머릿수만으로 확률 상승효과를 얻는 것이 아니기 때문입니다. 친구의 레벨도 같이 고려됩니다. 이렇다면 일정 레벨로 키운 부캐가 많으면 많을수록 가챠 획득 확률이

올라간다는 뜻이 됩니다. 일정 이상의 고레벨 플레이어라면 부캐를 같은 수준으로 키우는 것도 만만치 않은 비용이 들 것입니다.

이 방식을 통해 고액 과금자가 지속적으로 부계정을 만들고 부캐를 키우도록 유도하는 특허로 보입니다.

다시 이야기하지만 앞의 초등학교 과정에서 보았다시피 1명이 여러 개의 계정을 돌리도록 하는 기획은 사행성에서 검증된 테크닉입니다.

이렇게 해서 넥슨의 주요 가챠, 사행성 아이템 특허들을 살펴보았습니다. 이제 가챠가 얼마나 발달된 상태까지 왔는지 충분히 알게 되셨으리라 생각합니다.

마무리로 하나 더 생각해보실 것이 있습니다. 이 특허들은 한 번에 하나만 사용되는 것이 아니란 점입니다.

한국게임산업협회에서 확률 공개 의무화에 대해 개발사들도 가챠 확률을 정확히 알기 힘들다는 의견서를 내서 물의를 일으킨 적이 있습니다.

이에 넥슨이 공개한 특허만 사용하여 가상 가챠를 만들어 보았습니다.

이 가챠에 대해 사용자가 원하는 능력치가 붙은 아이템이 나올 확률을 개발사가 정확히 알고 있을 확률, 게이머가 정확히 알고 비용을 사용할 확률을 재미 삼아 생각해보시기 바랍니다.

누적 가챠 3회차 보상 가챠에(특허)

각각 레벨이 10, 20, 30인 친구 셋 중 두 명이 500미터 이내에 있으며(특허)

일정 시간 사람들이 많이 시도하여 2차로 확률 하락 보정이 되었으며(특허)

투자자가 2단계까지 모였으나 터치 쿠폰을 일부만 사용하였으며(특허)

3개월 묵힌 가챠 티켓으로 확률 보정을 받아(특허)

대리 가챠 순위 60위인 사용자에게 대리 가챠를 맡겼는데(특허)

선별 가챠 실버 쿠폰으로 능력 7개 중 3개를 확인한 상태에서(특허)

사용자가 원하는 가챠가 나올 확률을 개발사가 정확하게 알고 있을 확률은?

• 각 확률 테이블은 모두 다른 기획자가 작성하였다고 가정함

우회 환전이 미래다?

NFT와 블록체인이 가져올 게임 업계의 미래

마지막으로 다룰 내용은 NFT와 K-게임의 미래입니다. 넥슨, 위메이드 등을 포함 대한민국 게임 회사 대부분은 NFT를 도입하겠다고 밝힌 상태입니다. 블록체인과 관련한 각종 사기 사건 등으로 인해 게이머 대부분이 NFT에 대해 부정적인 시각을 가지고 있음에도 불구하고 게임사들은 이것이 미래라고 주장하고 있습니다.

게임사들 주장으로는 게임하면서 돈도 벌게 해드리겠다, 아이템의 소유권을 드리겠다고 합니다. 들어서는 하나 나쁜 것 없는 솔깃한 이야기입니다.

그런데 왜 사람들은 NFT를 싫어할까요?

K-게임사들이 NFT가 게임의 미래라고 주장하는 이유를 이해하려면 블록체인이 어떤 기술인지 간략하게나마 이해할 필요가 있습니다. 그래서 다음과 같이 퍼즐을 풀어가 보도록 하겠습니다.

우선 블록체인과 관련된 내용들은 그 기능이나 효과가 실제보다 과장되어 알려져 있습니다. 그리고, 대부분의 사람이 잘 이해하기 어려운 신조어들을 남발하며 그냥 돈이 되니까 투자나 하라는 식으로 소개되는 편입니다. 그래서 기술과 용어에 대해 간단하게 정리하도록 하겠습니다.

우선 블록체인이란 무엇인지, NFT란 무엇인지에 관한 기술적인 내용을 어느 정도 이해해야 합니다. 그런 뒤에 지금까지 배운 사행성 구조와 기법들을 이용하여 K-게임사들이 이것을 어떻게 팔려고 하는 것인지 퍼즐을 풀어나가야 합니다.

1. 블록체인 개념과 주요 단어 설명

블록체인, NFT와 관련하여 나온 보도자료 몇 가지를 인용해보겠습니다.

컴투스 그룹은 C2X 블록체인 플랫폼의 경쟁력 강화를 위해 독자적인 **메인넷**을 구축한다고 14일 밝혔다.

(중략)독자적 메인넷이 구축되면 **거버넌스** 토큰인 C2X(티커:CTX)는 네이티브 코인으로 격상된다. 컴투스 그룹이 구축하고 있는 메타버스 플랫폼인 '컴투버스', NFT 거래가 활성화되고 있는 'C2X NFT 마켓플레이스' 등 모든 C2X 블록체인 생태계에 적용되며, C2X의 활용 가치는 더욱 높아진다

김투스 그룹, 블록체인 메인넷 구축 결정…C2X 생태계 확장 시도
-ZDNET korea 2022/06/14 36

지금까지 이더리움 채굴은 주로 그래픽칩셋 연산 능력으로 블록체인을 검증하고 이에 기여한 만큼 보상을 받는 **'작업 증명'** 방식으로 진행됐다.

그러나 오는 8월부터는 이더리움 확보 지분에 따라 보상을 받는 **'지분 증명'** 방식으로 전환된다. 전환이 완전히 끝나면 **그래픽카드 등을 대량 동원한 현재 채굴 방식은 더 이상 통하지 않는다.**

블룸버그 "채굴 업자들, 지난 1년 반동안 GPU에 19조 넘게 썼다"
– ZDNET korea 2022/06/19 ㊲

깊이 있는 기사도 아니고 평범한 블록체인 기사지만 블록체인에 대한 기본적인 지식이 없다면 무슨 말을 하는 것인지 알기 쉽지 않습니다.

그래서 NFT로 K-게임사가 무엇을 하려는 것인지 알기 위해 뉴스 기사의 의미 정도는 이해할 수 있는 단계까지만 블록체인 기술과 관련 용어들을 정리해 보겠습니다. 이를 통해 위와 같은 기사들을 보셨을 때 대략 무슨 뜻인지 알 것 같다고 하면 이 단원의 목표는 달성된 것이라 할 수 있습니다.

일단 종착점은 NFT가 무엇인지 알고 어떻게 활용될 것인지 예상해 보는 것입니다.

36 컴투스 그룹, 블록체인 메인넷 구축 결정…
C2X 생태계 확장 시도 - ZDNET korea 2022.06.14
37 블룸버그 "채굴 업자들, 지난 1년 반동안 GPU에
19조 넘게 썼다" - ZDNET korea 2022.06.19

우선 NFT는 Non-Fungible Token 이라는 단어의 약자입니다. 번역을 보통 '대체 불가 토큰' 이라고 상당히 거창한 용어를 쓰는데 다소 과장된 번역이 아닐까 합니다. 일단 Non이 '~가 아닌, ~가 안되는'이라는 뜻이니 NFT는 FT에서 파생된 단어라는 뜻입니다. 즉, Fungible Token(펀지블 토큰)이 먼저고 Fungible이 안되는 Non Fungible이라는 개념의 NFT가 나온 것이라고 보시면 됩니다. 그러면 우선 Fungible Token부터 가보겠습니다.

Fungible Token은 그냥 토큰, 코인입니다. Token과 Coin을 엄격하게 구별을 하기도 하는데 이것은 차차 다루기로 하겠습니다. 일단 NFT라고 이야기할 때, Token과 Coin 구분은 별로 중요하지 않습니다. 다시 이야기하지만 Fungible Token은 그냥 토큰, 코인입니다. 그냥 토큰, 코인이란 말은 블록체인에 무관심하시더라도 알법한, 일반적으로 '코인'이라고 불리우는 것들이 Fungible Token이라고 보시면 됩니다.

그러면 토큰, 코인은 뭘까요? 숫자로 되어 있으며 숫자를 쪼개서 다른 사람과 주고 받을 수 있는 기능으로 되어 있는 것을 토큰, 코인이라 합니다.

숫자로 쪼개서 주고받을 수 있으면 화폐 같은 것 인걸까요?

화폐는 '아니지만' 화폐처럼 쪼개서 숫자를 주고받을 수 있다는 겁니다.

'아니지만'이 '매우매우' 중요합니다.

모든 블록체인 비즈니스의 기본은 'OO가 아니지만 △△처럼'입니다. 이렇게 해서 그 'OO가'에 해당하는 규제를 무시하는 비즈니스가 성립합니다. 사행은 아니지만 사행'성'이라는 것과 기본적으로 같은 구조의 비즈니스라고 보시면 됩니다.

다시 돌아와서 숫자를 쪼개서 사람들끼리 주고받는 작동 원리를 알려면 더 앞으로 가야 합니다. NFT를 알려면 FT의 작동 원리를 알아야 하는데 이것들의 작동 원리를 블록체인 방식이라고 합니다. 이제 블록체인이란 단어를 알아야 나머지-NFT, FT-들을 이해할 수 있다는 뜻이 됩니다.

블록체인(BlockChain)이란 말은 Block과 Chain이 더해진 말입니다. 너무 당연한 것 아니냐고 하실 수 있지만, 여기부터가 출발점입니다.

블록체인에서 말하는 블록Block은 벽돌을 말하는 것이 아닙니다.

디지털로 된 전자 거래 장부가 있는데 거기에 쓰인 장부의 한 줄(≒거래 내역 하나)을 블록이라고 부릅니다.

여기서 장부의 한 줄이라는 뜻은 A가 B에게 언제 어느 시점에 몇 점의 숫자를 보냈다, 그래서 각각 몇 점을 가지고 있다고 하는 결과값 한 줄입니다.

그리고, 이 거래 내역을 한 곳에 보관하는 것이 아니고 여러 곳에 복사하여 '분산 저장' 하자. 그다음에 거래가 발생할 때마다 모든 장부를 서로 대조하게 되면 위변조를 막을 수 있지 않겠냐. 그러면서 위변조가 불가능한 어떤 신뢰 장치가 탄생하지 않겠냐? 라고 하는 개념이 '분산 장부'입니다.

분산 장부는 같은 장부(≒ 똑같은 파일, 프로그램)를 여러 곳에 복사하여 저장. 여러 곳이라는 것은 여러 대의 PC에 저장하는 것, 혹은 여러 이해관계자에게 따로따로 저장하는 것을 말하는 개념입니다.

그렇게 여러 다른 이해관계자가 소유한 여러 대의 PC에 각자 똑같은 장부를 저장한 다음, 거래가 발생할 때마다 이 장부가 제대로 된 것인지 검증할 때, 모든 장부를 전부 다 조사(전수 조사)하는 것은 시간과 노력이 너무 많이 들어가므로 전체 분산 장부의 51%만 인정하면 문제 없는 것으로 치자라고 해서 보통 51%가 넘으면 문제없는 것으로 치고 나머지는 확인 안 하고 그냥 복사해서 붙여넣기 한다.라는 개념이 거래 검증입니다.

이 이야기를 돌려 말하면 전체 시스템의 51% 이상을 가지고 있으면 장부 위변조가 가능하다! 는 말입니다.

다음으로 51%라는 숫자는 어디서 나온 것이냐? 그냥 정한 겁니다. 사실 그렇게 하라는 건 없고 처음에 비트코인이 그런 규칙을 유행시켰기에 다들 따라 하는 것입니다. 그렇다 보니 이 규칙을 따르지 않는 경우도 있습니다.

그리고 위변조보다는 해킹이 훨씬 많이 발생하는데 이것은 주제에서 벗어난 이야기니 패스하도록 하겠습니다.

아무튼 블록이라 부르는 거래 내역을 장부에 아무렇게나 뒤죽박죽 적지 않고 하나하나 순서대로 쭉 거래 내역을 적습니다.

서로 연결되어 순서대로 쭉 적힌 모습이 사슬Chain 같은 느낌이라고 하네요. 그래서 블록과 체인이 합쳐진 블록체인이란 말이 됩니다.

이제 블록체인에서 다음 단계로 가려면 노드(Nod)라는 개념이 나옵니다. 간단히 설명하자면 블록체인 장부를 검증하는 데 참여하고 분산장부를 복사해서 보관하는 일종의 프로그램이 있고, 그것을 컴퓨터에서 실행시켜서 온라인상에서 인식이 된다. 그러면 그것 하나를 노드라고 부른다고 보면 얼추 맞는 개념이라고 보시면 될 것 같습니다.

그냥 각자 컴퓨터에 이 블록체인상에서 벌어지는 거래들의 장부를 저장해놓고 내용이 맞는지 확인해주는 것을 허용하는 프로그램을 켜는 것이라 보면 됩니다. 그래서 이것을 켜놓고 검증에 참여하면 이것을 '채굴'이라고 부릅니다.

노드를 켜놓는다. 그러면 장부를 복사하여 보관하고 쓸데없는 연산을 해서 검증한다. 이러면 어쨌든 컴퓨터의 시간과 자원과 전기세를 쓰는 것이니 노드를 켜놓은 쪽에다가 무언가 보상을 준다. 이 일련의 과정을 채굴-마이닝Mining-이라 부른다. 로 정리해볼 수 있습니다.

그러니까 실제 곡괭이로 땅을 파는 건 아닙니다. 그냥 비유적으로 부르는 겁니다. 하지만 여기서부터 슬슬 헷갈리기 시작합니다.

모든 코인이 '마이닝'이라는 단어를 사용하지만, '마이닝이 정확히 무엇입니까?'라고 물어보면 정확히 어떤 것이라고 설명할 수 없습니다. 각 코인 시스템마다 '마이닝'이 뜻하는 바가 다 다르기 때문입니다.

보통 이 부분에서 헷갈리기 시작합니다. 더 나아가서 마이닝이라는 표현이 멋져 보이고, 좋아 보이는 것 같으니 너도나도 이 용어들을 가져다 쓰고 있습니다. 그래서, 우리 쪽에 와서 채굴하시라고 하는데 실제 가서 보면 그 채굴이 아닌 상황이 발생하기도 합니다. 시간이 지날수록 더 혼란스러워지는 셈이지요.

일단 마이닝 개념이 처음에 생겼던, 비트코인 기준으로 하자면 블록체인에서 검증에 참여한 보상으로 약간의 코인을 받으면 '마이닝'입니다. 그런데 이러면 거래가 발생할수록 코인의 전체 양이 점점 늘어납니다(이를 방지하기 위해 다른 장치들도 들어있습니다만 생략). 그래서 이 방식 말고 뭐 없나? 하다보니 점차 다른 방식들이 생겨났습니다.

예를 들면, 장부에 기록을 원하는 쪽이 '거래 내역을 장부에 올려주세요'라고 하고 다른 노드들에게 장부 갱신을 요청할 때, '장부 등록 비용을 낼게요. 비용은 코인으로 내겠습니다' 라고 하면 검증에 참여한 노드들이 일정한 규칙에 따라서 수수료를 가져가는 방식도 있습니다. 이렇게 하면 전체 코인 양이 늘지 않습니다. 그런데 이것도 마이닝이라고 합니다.

거래 등록에 비용을 지불하는 방식의 대표적인 것이 이더리움입니다. 이더리움에서는 Gas Fee라고 부르는데 거래 등록을 원하는 측이 수수료를 내고 그것을 검증한 노드 중 누군가가 이를 가져갑니다. 이것도 마이닝입니다.

이것만해도 조금 헷갈리는데 하나 더 있습니다.

K-게임사 위메이드 등에서 만들어낸 마이닝 개념이 있습니다. 이

경우에는 블록체인과는 아무 상관 없이 게임 내에서 곡괭이질을 합니다. 그렇게 해서 얻은 게임 점수를 게임에서 나갈 때 성인 오락실에서 상품권 바꿔주듯이 특정 교환 비율로 위메이드가 만든 코인으로 바꿔줍니다. 이것도 마이닝, 채굴이라고 부릅니다.

같은 '마이닝'이라는 단어를 사용하고있지만 비트코인, 이더리움, 위메이드의 방식은 서로 다 다른 겁니다.

그러니 다시 채굴을 정리해 보겠습니다. 아까 말한 대로 장부 정리, 검증에 '내 CPU 자원을 제공했다'라고 하면 보상을 받는데, 시스템에서 추가 발행하는 코인을 받으면 비트코인 방식, 거래 수수료를 받으면 이더리움 방식. 블록체인과 아무 관계 없이 게임 내 점수 획득을 통하는 방식을 모두 마이닝이라고 부릅니다.

블록체인 관련 용어들은 모두 법적으로 정해진 것이 아니니 가져다 부르기 나름이라서 이런 부분들을 잘 구분하는 것이 중요합니다.

아무튼, 위 방식에 하나 더 나간 방식도 있습니다.

수수료를 받는데 수수료로 받은 코인이 일부 소각이 된다고 하는 방식이 등장했습니다. 그래서 이제 '수수료＋소각' 방식도 마이닝으로 칩니다.

소각이란 단어가 새로 등장했으니 잠깐 설명하겠습니다. 예를 들어 거래를 블록체인의 장부에 올릴 때 '내가 수수료로 10을 낼게요'라고 하면 5를 검증에 참여한 측이 가져가고, 5는 시스템 전체 유통량에서 사라지게 할 경우 이를 소각이라고 부릅니다. 전체 장부상의 모든 코인 숫자의 합이 100이었다가 거래 후에는 95가 되는 상황을 만드는 겁니다.

왜 이런 짓을 하느냐고 궁금할 수 있습니다만, 유통되는 코인의 양이 줄어들면 줄어들수록 가치가 올라가지 않을까? 라는 생각에서 이런 개념이 생겼다고 보시면 됩니다. 그러면 전체 수량이 계속 줄어드는데 이제 어떻게 되냐?

코인을 팔면 됩니다.

소각으로 유통량이 줄어들거나 시세가 많이 오르면 발행 측에서 '유동화 공급'이라는 명분으로 코인을 추가로 팔게 되는 구조가 나오게 됩니다.

여기까지가 마이닝을 둘러싼 업계 패턴이라고 보시면 될 것 같습니다.

분산 장부, 분산 장부를 검증하는 노드, 노드에 주는 보상 체계인 마이닝까지 정리가 되었다면 이제 메인넷이라는 개념으로 들어가야 합니다.

메인넷 Mainnet

지금 알아본 바와 같이 장부를 검증하고 검증에 참여한 노드에 보상을 주는 방식이 비트코인, 이더리움만 봐도 서로 다르다는 것을 아셨을 겁니다.

메인넷 개념을 알기 위해 우선 요점만 설명하도록 하겠습니다.

'장부 검증 방식은 메인넷마다 다르지만, 코인(토큰)마다 다른 것은 아니다'입니다.

일단 블록체인은 개념이지 구체적인 특정 기술을 말하는 것이 아닙니다. 적당히 비유하자면 스마트폰은 '개념'인 것이지 특정 물품이 아니라는 것과 같습니다. 아이폰 SE2, 갤럭시 S20 같은 것을 말하는 것이 아닙니다.

블록체인 개념을 가지고 iOS, 안드로이드처럼 구체적인 프로그램 형태로 만든 것에 대해 블록체인 업계에서는 메인넷이라 부른다 정도로 정리하면 어느 정도 맞을 것 같습니다.

그러니 같은 '블록체인'이라고 해도 '메인넷이 다르면 서로 아무런 상관이 없는 관계'라고 보면 됩니다.

즉, 이더리움과 비트코인은 아무런 상관이 없습니다.

비트코인 지갑에서 다른 비트코인 지갑으로 숫자를 옮기는 것은 비트코인 메인넷에서 벌어지는 일이고 비트코인 장부에 기록됩니다.

마찬가지로 이더리움 지갑에서 다른 이더리움 지갑으로 숫자를 옮기는 것은 이더리움 메인넷에서 벌어지는 일이고 이더리움 장부에 기록됩니다.

이더리움 지갑의 숫자를 비트코인 지갑으로 옮기는 것은 서로 관계가 없으므로 불가능합니다. 그런데 이더리움을 비트코인으로 못바꾼다는 이야기는 못 들어보셨을 겁니다. 잘만 바꿉니다. 그럼 이건 어떻게 된 걸까요? 그 과정은 블록체인이 아닙니다. 기본적으로.

여기서 왜 '기본적으로'라고 덧붙였냐면 어쨌든 넓은 의미로 블록체인의 뜻을 규정할 경우, 블록체인으로 할 방법이 존재는 합니다. 왜 안된다고 하냐? 라고 하는 전문가분이 혹시 계실까봐 하는 쿠션 멘트입니다. 그런데 그 부분은 역시 주제에서 벗어나므로 여기서는 일단은 안 되고 블록체인이 아니라고 설명하겠습니다.

그래서 지금 검증 방식이 메인넷마다 다르고 코인(토큰)마다 다른 것은 아니라고 했는데, 더 나아가면 비트코인과 이더리움은 할 수 있는 기능도 다릅니다. 대표적으로 무엇이 다르냐면 NFT와 관련된 부분이 다릅니다. 이제 NFT가 등장합니다.

비트코인은 NFT를 만들고 장부에 등록하는 기능이 없습니다. 그런데 이더리움은 있습니다.

그렇다 보니 비트코인 NFT라는 말은 들어보신 적이 없으실 겁니다.

블록체인은 개념일 뿐이고 이 개념을 이용한 메인넷은 만들면 된다는 것을 알았으니, 메인넷의 종류를 조금 더 늘려서 상황을 살펴보겠습니다.

클레이튼이라는 메인넷도 있고 이오스라는 메인넷도 있는데 이쪽은 NFT를 만들 수 있는 기능이 있는 메인넷입니다.

그러니까 이더리움, 클레이튼, 이오스는 NFT를 만들 수 있는 메인넷입니다. 그런데 앞의 규칙을 다시 가져오면 어떻게 될까요? 서로 메인넷이 다르면 호환이 되지 않는다고 했습니다. 그러면 이더리움, 클레이튼, 이오스 모두 각각 NFT를 만들 수 있는데, 각각의 메인넷끼리는 당연히 서로 아무런 관계가 없다고 보시면 됩니다. 그러니, 코인과 마찬가지로 NFT도 이더리움 지갑에 있는 NFT를 클레이튼 지갑에 못 넣고 그 반대도 안 되는 겁니다.

그런데 또 잘 생각해보시면 역시 이것도 안 된다는 소리는 못 들어보셨을 겁니다. 다 됩니다. 다들 하고 있습니다.

그러면 비트코인을 이더리움으로 바꾸거나 이더리움을 클레이로 바꾸는 등 아무튼 메인넷이 다른 코인, NFT들끼리 서로 주고받게 해주는 건 어떻게 하는 걸까요?

이 부분부터 본격적인 블록체인 비즈니스가 시작됩니다.

이제 오프체인off-chain, 온체인on-chain이란 개념이 등장합니다. 우선 같은 메인넷 상에서 장부에 제대로 적고 여러 노드로부터 검증받는 것을 온체인on-chain이라고 합니다. 그러면 오프체인off-chain이란 말은 뭘까요? off-chain 글자 그대로 블록체인을 안 쓴다는 말입니다.

그래서, 보통 메인넷이 다른 블록체인 간에 서로 교환할 때는 오프체인 방식을 씁니다. 코인 간 교환은 블록체인과 관계가 없다는 뜻입니다.

블록체인을 쓰지 않는 블록체인 자산 거래를 오프체인 거래라고 부릅니다. 반대로 앞에서 길게 설명한 방식대로 같은 메인넷 상에서 장부에 제대로 적고 여러 노드로부터 검증받는 것을 온체인이라고 합니다.

이제 오프체인부터가 여러분들이 아시는 대부분의 기기묘묘한 블록체인 비즈니스를 만들어내는 개념이라고 보시면 될 것 같습니다.

따라서 실제 블록체인 비즈니스는 오프체인이 기본값이고 실제 블록체인 거래인 온체인 방식은 어쩔 수 없을 때 한 번씩 쓴다는 형태로 이뤄집니다.

블록체인 비즈니스의 재미있는 점은 현재 블록체인이 가급적 블록체인을 쓰지 않고 검증을 안 하고 장부 복사를 안 하는 방향이 블록체인의 핵심이고 그 방향으로 발전 중이라는 것입니다.

그럼 이제 오프체인 거래의 대표적인 예인 코인 거래소의 구조를 살펴보도록 하겠습니다.

2. 코인 거래소와 더블 가상 자산 방식

우선 앞에서 설명한 바와 같이 NFT든 코인이든 블록체인 자산 거래는 기본적으로 블록체인을 쓰지 않습니다. 그래서 블록체인을 쓰지 않는 블록체인 거래를 오프체인이라고 하고, 반대로 정석대로 이상 복잡한 계산을 시켜가면서 여러 노드가 51%를 검증하느니 마느니 하면서 분산 장부에 다 복붙해놓고 참여한 노드에 보상을 주는 것을 온체인이라고 한다. 까지 정리했습니다.

그렇다 보니 '블록체인을 쓰지 않고, 검증을 안 하고, 장부 복사를 안 하는 방향으로 발전 중이다. 즉, 블록체인 기본 개념과 관계가 없으면 없을수록 발전된 블록체인이다!'라는 흥미로운 전개가 벌어지고 있습니다.

그러면 왜 블록체인을 안 쓸까요? 블록체인을 안 쓰면 뭐가 좋기에 오프체인 거래를 하는 걸까요?

이유는 간단합니다.

블록체인을 안 쓰면 빠르고, 정확하고, 수수료가 적습니다. 이 장점이 있기 때문에 '오프체인 방식을 씁니다(=블록체인을 쓰지 않는 블록체인 사업입니다)'라는 명분이 섭니다.

다음은 오프체인 NFT 비즈니스를 하는 업비트 NFT 서비스의 고객센터 공지일부를 발췌한 내용입니다.

업비트 NFT 서비스는 무엇이 다른가요?

(중략) • NFT 거래의 주문과 체결이 오프체인에서 이루어짐에 따라

고객이 직접 개별 주문마다 Signing을 진행하거나 Gas Fee를 지불할 필요가 없고, 블록체인 네트워크의 성능 문제로 체결이 지연되거나 취소되지 않습니다.

NFT 거래의 주문과 체결이 오프체인이라고 쓰여 있습니다. 그리고, 위에 설명한 대로 블록체인을 안 쓰면 빠르고 정확하고 수수료가 없다고 되어있습니다.

반대로 이야기하면 온체인이면 Signing을 해야 하고, Gas Fee도 지불해야 하며, 블록체인 네트워크의 성능 문제로 체결이 지연되거나 취소될 수 있다는 뜻입니다. 왜 그럴까요?

노드의 검증을 받고 블록체인 장부에 기록되는 (정식) 온체인 거래를 트랜젝션(Transaction)이라고 부릅니다. 블록체인에서 정식 트랜젝션을 할 때는 시간이 오래 걸립니다.

왜냐하면 기본인 비트코인 기준으로 누구나 노드를 켜서 검증에 참여할 수 있는데, 아무리 간단한 거래라도 수많은 노드의 51%가 연산을 해서 인증하고 장부를 다 복사해야 합니다. 그러다 보니 정석대로 하는 경우에는 거래가 완료되는데 보통 수십 분에서 수 시간이 걸립니다. 심지어 그 시간이 확실하지도 않습니다. 딱 그 시간이 걸린다는 보장도 없습니다.

그리고, 검증에 참여한 노드에게 보상을 지급해야 합니다. 이 수수료 금액이나 방식은 메인넷마다 다 다르긴 한데, 이더리움을 기준으로 하면 보통 5~10만 원 정도를 Gas Fee라 부르는 수수료를 걸고 30분

정도 기다리면 될 때도 있고 안될 때도 있다고 보시면 됩니다.

블록체인 거래를 안 해보신 분들은 이해가 안 되시겠지만 사실입니다.

이 수수료는 거래 금액 기준이 아니고 금액이나 내용에 상관없이 무조건 장부에 거래 내역 하나 추가할 때마다 이렇게 해야 합니다.

다음 내용은 정석 블록체인 거래 설명을 위한 예시이며 PoS 방식 전환 전의 이더리움 거래 방식임을 참고 부탁드립니다.

수수료 지급은 장부의 기록 검증의 횟수에 따라 노드들이 비용을 받는 것이기 때문에 거기에 주고받은 숫자가 아무리 크든 작든 상관이 없습니다. 숫자가 1이든 1억이든 무조건 같은 시간, 같은 노력, 같은 비용이 발생한다는 뜻입니다.

그래서 어떤 일이 벌어지냐면 1만 원 가치의 이더리움을 누군가에게 보낼 때 수수료(Gas Fee)가 5만 원, 10만 원 들면서 30분을 기다리는데 심지어 거래가 불발될 수도 있는 것이 블록체인 거래입니다.

거래 불발은 어떻게 발생할까요? 이더리움의 경우 수수료가 횟집처럼 시가입니다. 그래서, 장부 등록을 원하는 측이 제시한 수수료가 낮을 경우, 노드들이 해당 거래에 참여를 안 할 수 있습니다. 일정 시간 충분한 수의 노드가 거래 검증에 참여하지 않으면 거래가 취소됩니다.

그러면서 이러한 문제-거래시간, 비용 등-를 해결하기 위해 크게 두 가지 방향이 발생합니다.

그 하나가 방금 설명한 '블록체인을 그냥 쓰지 말자'고 하는 오프체인 Off-Chain 비즈니스.

다른 하나가 '그냥 검증 및 일렬 분산 장부를 쓰지 않는' 방식의 메인넷을 새로 만들자! 라고 하는 PoS 방식이 등장합니다. 앞에 이야기한 이더리움도 2022년 9월에 PoS 방식으로 바뀌었습니다.

우선 오프체인 Off-Chain부터 알아보겠습니다.

오프체인이라고 하면 어떤 방식을 쓴다는 걸까요? 그냥 일반 서버 방식을 쓴다고 보시면 됩니다. 그럼 일반 서버는 뭐냐?

그냥 운영하는 특정 회사 서버에 아이디, 패스워드를 등록하고 거기에 블록체인 장부와는 상관없이 '이 계정에 얼마 들어있음!' 이라고 적어놓겠다는 겁니다.

사실 네이버니 구글이니 다 그렇게 하고 있습니다. 게임도 넥슨, 엔씨에 다 그렇게 계정 등록하고 내 캐릭터를 저장합니다.

네이버, 구글이 내 아이디, 패스워드를 보관하고 있지만 별문제 안 생깁니다. 리니지 서버에 있는 내 아덴, 분산 장부 같은 것 안 하고 엔씨 서버에 있지만 별일 없이 잘 돌아갑니다.

물론 멱살 잡을 일이 전혀 안 생기는 것은 아니지만 기본적으로는 별 탈 없이 굴러갑니다. 심각한 문제라면 정부가 나서서 해결해주기도 합니다.

심지어 은행에 있는 진짜 돈들도 블록체인 안 쓰고 ○○은행 서버에서 그냥 굴러갑니다. 아이디, 패스워드를 넣으면 계좌에 있는 잔고도 다 뜨고 이체도 잘 됩니다.

그러면 어떤 점이 좋을까요? 이제 블록체인을 쓰지 않기 때문에 검증 시간도 안 걸리고, 그래서 즉시 완료되고, 수수료도 적게 내도 됩니다.

수수료가 제로가 아닌 이유는 블록체인 메인넷 노드에 보상을 제공하지 않는 대신, 서비스 운영사들도 먹고 살아야 하니 약간의 수수료를 받기 때문입니다.

다시 정리, 강조합니다.

블록체인 비즈니스는 블록체인을 안 쓸수록 좋습니다.

또는 검증을 안 하고 장부 복사도 안 할수록 발전된 블록체인입니다.

이러면 블록체인이 아닌 것 아니야? 이게 무슨 블록체인이야? 라고 하는 생각이 드실 수 있습니다. 그러면 블록체인을 신봉하는 분들에게 '당신이 블록체인의 탈중앙 개념을 잘 몰라서 그런 것이다'라는 반론을 듣게 됩니다.

아무튼 블록체인을 안 쓰고 검증과 복사를 안 하는 것도 블록체인 맞다고 합니다. 블록체인이 법으로 규정된 단어는 아니니 얼마나 넓게 해석할건지는 신앙심의 정도에 따라 달라지기 때문에 받아들이시기 나름인 상황이 됩니다.

오프체인으로 하고 검증을 건너 뛰어도 블록체인이라고 하면 블록체인인 겁니다.

그래서 블록체인을 안 쓰는 블록체인 거래, 오프체인 거래라는 말이 성립하는 것입니다. 그 대표적인 예가 코인 거래소입니다.

코인 거래소에 아이디랑 패스워드를 만들고 돈을 이체하고 그 돈으로 코인을 삽니다. 그 뒤에 A 코인, B 코인을 왔다 갔다 하면서 벌든 잃든 아무튼 거래가 벌어집니다. 그런데 이 모든 거래는 앞에 이야기한대로 오프체인 거래입니다. 그러므로 메인넷 장부에 전혀 기록되지 않는 거래라는 뜻이 되며 A 코인과 B 코인을 바꿔주는 것도 오프체인이기 때문에 가능해집니다.

그래서 이 내용으로 나가기에 앞서 코인, 토큰이라 불리는 것을 사업적으로 무엇으로 정의해야 하는지를 짚고 넘어가야 합니다.

이제부터는 기술 문제가 아닙니다.

블록체인 장부에서 여러 노드가 확인해준 숫자를 사람들에게 무엇이라고 말하면서 팔아야 하는가? 하는 문제로 바뀝니다.

이 숫자를 블록체인 사업하는 쪽에서는 보통 현실 세계에 존재하는 세 가지 중의 하나, 혹은 그것들의 속성을 믹스해서 설명합니다.

그 세 가지는 **화폐, 주식, 상품권**입니다. 판매자는 이 세가지의 속성을 섞어 설명하면서 블록체인 장부에 존재하는 숫자가 가치가 있다고 홍보합니다.

하지만 화폐, 주식, 상품권은 상대적으로 코인에 비해 오래된 비즈니스입니다. 그러니 화폐, 주식, 상품권 쪽에서도 사람들을 속인 나쁜 일이 없었던 것이 아닙니다. 지금도 벌어지고 있습니다. 주식에서도 작전이니 뭐니 하는 일들이 벌어지고 있습니다.

그런데 화폐, 주식, 상품권의 속성을 가져다 쓴다고 할 때 코인이 가지는 장점은 **이미 기존 사업에서 생긴 규제들을 안 지켜도 된다**는 겁니다. 아직 법이 없으니 말이죠.

즉, 화폐의 속성이 있다고 하면서 화폐 관련업에 있는 규제를 안 지켜도 되고, 주식 속성이 있다고 하면서 주식 쪽에 있는 규제를 하나도 안 지켜도 되고, 상품권처럼 가져오면 서비스를 제공해주는 증표라고 하면서도 관련 규제를 안 지켜도 됩니다.

예를 들자면 돈을 다루는 은행, 주식을 다루는 증권사라고 하면 일단 회사를 세우는 것부터 조건이 까다롭습니다. 그래서 아무나 세울 수 없는데 코인이라고 하면 일단 그냥 만들면 됩니다. 지금, 이 순간에도 이런저런 규제가 생기느니 마느니 말은 많습니다만 일단은 그냥 하면 됩니다.

그래서 일단 서비스를 만든 후에는 화폐, 주식, 상품권에서 하면 안 된다고 법으로 명시된 것을 그냥 하면 됩니다. 이미 사행성 초등학교를 졸업하신 여러분이라면 무슨 뜻인지 바로 아실 것입니다.

법에서 하지 말라고 한 것은 왜 하지 말라고 했냐? 소비자들을 골탕 먹이는 효과가 아주 좋았으니 하지 말라고 한 것입니다.

그러니 이것들을 그대로 다 하면 됩니다.

이제 다른 분야에서 금지된 것들을 하기 위한 회색 지대형 블록체인 비즈니스가 탄생합니다.

그러면 우선 기존 산업 중 은행을 한 번 보겠습니다. 처음에 은행은 금본위제라고 하여 자신이 보유하고 있는 금의 양, 혹은 돈의 양만큼 만 사람들에게 빌려주거나 증표를 발행했습니다. 그런데 은행이 어느 순간 깨닫습니다. 자신에게 돈이나 금을 맡긴 사람들이 한날, 한시에 찾으러 오지 않는다는 점을 말이죠.

그러면 사람들이 평소 찾으러 오는 정도만 가지고 있고 빌려주기는 그 이상을 빌려줘도 된다는 사실을 알게 됩니다. 그래서 자기가 가지고 있는 금이나 돈보다 더 많은 돈을 빌려주거나 증표를 발행해줬습니다.

그 말은 없는 돈을 있다고 하고 누군가에게 빌려주거나 금이 없는데 금이 있다고 증표를 만들어 줬다는 겁니다. 그렇게 하고 더 큰 돈을 굴린 겁니다. 고객이 맡긴 돈을 다른 곳으로 빼돌리기도 했습니다.

이런 상황에서 어느 날 갑자기 이런저런 이유로 사람들이 한날한시에 돈을 많이 찾아갈 일이 발생합니다. 이쪽 용어로는 뱅크런이라고 부르는 상황이 발생하는 겁니다. 그러면 은행에서 '줄 돈이 없습니다. 그냥 배 째세요!' 하고 드러누웠던 역사가 과거에 아주 빈번했습니다.

그래서 은행 쪽에서는 자기자본비율이라고 하는 패치가 생겼습니다. 100% 네가 가진 돈만으로 대부업을 못하더라도 최소한 네가 빌려준 돈의 8%는 가지고 있어야 하지 않겠냐? 이런 법입니다. 이것을 은행들이 잘 지키냐는 것을 떠나 일단 규정이 있고 안 지키면 처벌을 받습니다.

하지만 코인은 이런 규제들이 없고 그러니 지킬 필요가 없다, 안 지켜도 처벌받지 않는다는 겁니다.

그러면 이제 실제로는 아무 의미 없는 가상의 숫자에 불과한 가상 자산이라는 개념에 그마저도 블록체인 장부에 기록하지 않는 가상 거래, 오프체인 개념까지 합쳐집니다.

그래서 가상 자산이 없는데도 가상 자산이 있다고 하며 거래를 벌이는 가상 자산의 가상 발행 및 거래가 벌어집니다.

즉, 코인 거래소에서 벌어지는 수많은 거래, A 코인과 B 코인의 교환 등등에 대해 해당 가상 자산을 거래소가 가지고 있다는 증거는 찾아보기 어렵습니다. 모든 거래에 대한 모든 종류의 코인을 거래에 지장이 없을 만큼 거래소가 가지고 있다, 메인넷에 이 거래 금액에 해당하는 코인별 지갑을 증명할 수 있는 형태로 가지고 있지 않다는 지적이 꾸준히 있습니다. 그냥 각 코인을 가지고 있다고 주장하는 이 회사들의 선언만 보고 거래가 이루어지는 상황이라고 보면 됩니다.

그러면서 이 회사들이 실제 가진 것으로 추정되는 금액의 몇십배 혹은 수백, 수천 배가 되는 거래량이 발생하게 되는 겁니다. 실제 가지고 있을 필요 없이 게임에서 리니지 아덴 주고받는 것과 개념상으로 똑같은 겁니다. 그러면 특정 거래소 서버 안에서 임의로 벌어지는 가상 거래니까 그 안에서는 사실 어떤 일이 벌어져도 상관이 없습니다. 잃고 따고 별일이 다 벌어져도 됩니다.

대신에 고객이 곧 죽어도 나는 여기서 나가야겠어! 라고 하면서 블록체인상에 증명되는 특정 지갑에 해당 코인을 옮기겠다고 선언하면 그때 옮겨주면 되는 겁니다. 그때는 더 이상 가상의 가상이 아닌, 그냥 가상 거래가 되므로 출금 수수료도 왕창 떼면서 이체 작업을 해주면 되는 겁니다.

그래서 거래소에서 코인 거래 좀 해보신 분들은 아시겠지만, 기본 구조가 '입금은 마음대로지만 출금은 아니란다…'입니다.

입금은 바로 받아줍니다. 하지만 출금은 이 핑계, 저 핑계 대면서 시간을 끕니다. 못 빼게 합니다.

금액이 크면 더 심합니다.

이 사항은 각국 정부에서 증권, 금융업 수준으로 검증을 받으라고 요구하고 있지만 거래소에서는 가상 자산은 증권, 금융업이 아니라며 증명을 거부하고 있는 사안입니다(향후 법 개정에 따라 변경될 여지는 있음).

그래서 위와 같은 오프체인을 이용한 방식, 즉 가상 자산이 없는데 가상 자산이 있다고 선언하고 거래하는 방식, 가상의 가상 자산 방식, 더블 가상 자산 방식, 이것이 대부분 블록체인 비즈니스의 기본이 됩니다.

K-게임사가 하려는 블록체인 사업 대부분의 경우가 이 방식을 기본으로 할 것으로 예상되기에 가상의 가상 방식에 대해서는 잘 기억해두어야 합니다.

3. 작업 증명(PoW)과 지분 증명(PoS)

이 내용까지 기초를 닦고 나면 이제 NFT를 이해할 준비가 될 것입니다. NFT와 K-게임의 미래를 알고 싶은 건데 왜 이렇게 앞부분이 기냐고 하실 수 있지만, NFT를 활용한 K-게임의 미래는 이 내용들을 활용한 사업이기 때문에 마음이 급하시더라도 조금만 참고 내용을 봐주시면 감사하겠습니다.

현재 블록체인 비즈니스는 하루가 다르게 변화하고 있습니다. 따라서 개인들이 모여서 탈중앙을 하느니 마느니 하는 세계는 사실 진즉에 사라졌습니다. 이제 특정 기업이나 시스템에 대한 신뢰가 훨씬 중요한 세계가 됐습니다.

블록체인 비즈니스는 기업이나 자산가들이 사실상 어음이나 주식, 화폐 비슷한 것을 회색 지대에서 발행하고 파는 사업이라고 보는 것이 맞습니다.

여기까지가 기존의 비트코인, 이더리움 기반으로 할 때 나온 비즈니스입니다.

앞에서 블록체인 비즈니스는 블록체인을 안 쓸수록 좋다고 했습니다. 이 방식이 오프체인 비즈니스입니다.

다음으로 거래 속도 문제 해결을 위해 '그냥 검증 및 일렬 분산 장부를 하지 말자', '그런 방식의 메인넷을 새로 만들자!'라는 흐름이 있다고 했습니다.

그래서, 검증도 하지 않고 수수료도 적게 내게 하는 새로운 메인넷-신생 코인 시스템-이 하루가 멀다하고 등장하고 있습니다.

노드가 검증에 참여하여 51%가 인정하면 장부로 적는 방식과 검증을 생략한 새로운 방식을 각각 PoW와 PoS라고 하는 개념으로 부릅니다. 후자가 무슨 블록체인이냐 라고 한다면 그런 것은 상관없는 세상이 되었으니 더 따지는 것은 무의미하다는 것도 이미 앞에 설명했습니다.

PoW는 Proof of Work(프루프 오브 워크)라고 해서 '작업 증명'이라고 번역이 되고, PoS는 Proof of Stake(프루프 오브 스테이크)라고 해서 '지분 증명'으로 번역이 됩니다.

'작업 증명'은 앞에서 설명한 블록체인의 기본 방식입니다. 노드 한 개가 1의 검증 권한을 가집니다. 노드 전체 수의 51%가 승인해야 장부에 기록이 됩니다.

'지분 증명'은 노드 한 개가 1의 검증 권한을 갖는 게 아니라 보유한 코인 수만큼 권한을 갖는 겁니다.

PoW가 1인 1표 방식의 선거에 가까운 방식이라면, PoS는 주식회사처럼 지분율이 높으면 한 명이 그냥 OK 시킬 수 있다는 개념입니다.

애초에 비트코인을 포함, 초기 PoW 방식이 검증에 연산을 엄청 많이 하게 되는 이유가 뭐냐면 누구나 참여하여 1인 1표 느낌, 탈중앙 느낌을 주기 위해서였습니다. 연산을 일부러 복잡하게 해서 컴퓨터 1대에서 노드 한 개만 켤 수 있게 한다는 것이 PoW의 기본 개념이었습니다. 그러다 보니 비싼 컴퓨터, 그래픽 카드가 필요하고, 전기도 많이 쓰고, 환경에도 도움이 안 되고, 그래픽 가격이 오르는 등등의 상황이 벌어지게 되었습니다.

그래서 이제 그런 불필요한 계산하지 말고 그냥 '코인을 많이 가진 쪽이 책임감이 있을 것이라고 가정'한 후에 코인 지분 51%만 승인하면 인정하자! 라고 하며 등장한 개념이 PoS입니다.

그러다 보니 요즘 새로 나왔다고 하는 메인넷은 거의 열이면 열 다 PoS 방식이라고 보면 됩니다. 이제 이더리움도 PoS로 전환했으니, 비트코인을 제외하면 사실상 PoW 방식은 거의 없다고 보면 됩니다.

이제 모두가 친환경, 그래픽 카드 연산이 필요없는 코인이 되었습니다.

증명 방식이 PoS으로 바뀌면 어떤 점이 달라지는지 보겠습니다.

아래 설명할 내용은 예시이며 메인넷마다 규칙이 다르니, 꼭 정확하게 아래처럼 된다는 것은 아니라는 점을 미리 참고 부탁드립니다.

발행 측에서 총발행량의 49% 이상을 유통하지 않는다고 하면, 발행 측이 51%를 가지고 있게 되는 것이니 사실상 마음대로 해도 되는 가능성이 생깁니다. 이러면 지분이 적은, 즉, 돈 없는 사람은 노드를 켜도 아무 소용이 없게 되는 겁니다.

더 정확하게 가자면 모든 코인의 51%가 아니고 켜져 있는 노드들의 지분 총합의 51% 같은 형태일 경우가 많은데 이러면 더 적은 코인 지분만으로도 시스템을 좌지우지할 수 있습니다.

예를 들면 선거에서 투표율이 100%가 아니고 투표한 사람 중에서 과반수를 차지하면 되는 것과 같은 규칙입니다. 실제로 선거에서도 일반적으로 투표율 60~70%의 절반인 30% 전후를 차지하면 당선될 수 있습니다.

그래서 PoS 방식인 대부분의 코인은 실제 지배하는 조직이 존재합니다. 지배라는 표현이 과격하니 보통은 운영이라거나 협의체라며 완곡하게 표현하지만, 실제 중앙 운영 조직이 있다는 사실은 분명합니다.

오히려 코인의 실제 운영 주체가 없는 경우가 적습니다. 비트코인

정도가 거의 유일한 예외라고 볼 수 있습니다.

따라서 결과적으로 코인 거래의 장부 승인 권한은 주식처럼 해당 코인을 많이 사 모으면 얻을 수 있거나 발행한 쪽이 가지고 있는 형태로 되어 있습니다. 그렇게 해서 단일 혹은 이사회 임원이라고 비유할만한 소수의 집단이 다 알아서 처리하고 있는 형태라고 보시면 됩니다.

그래서 이제 코인을 '채굴'하기 위해 노드를 켜는 것은 주주총회의 소수 지분처럼 거의 아무 의미가 없는 상황이 되었습니다. 그냥 일정량을 가진 코인 지갑 여러 개를 소유하고 있으면 나머지가 다 해결되는 상황이라고 보시면 됩니다.

여기서 일정량을 가진 코인 지갑 여러 개라는 부분을 기억해 두어야 합니다. 주식은 일정 이상의 지분을 보유하고 있으면 소유하고 있는 개인 또는 법인의 명칭을 공개해야 합니다. 차명으로 소수 지분을 여럿 보유한 후, 몰래 실질적 권한을 행사하는 것을 막기 위함입니다.

그러나 블록체인 세계는 실명 기반이 아닙니다. 따라서 운영 주체가 51% 권한이 없다는 것을 증명하기 위해 대량의 코인을 소유한 지갑이 없다고 보여주더라도 소액 지갑 여러 개를 소유해서 실제로는 권한을 가지고 있는 방법을 쓸 수 있습니다.

그리고, PoS에서 한발 더 나아간 DPoS(Delegated Proof of Stake)라는 방법도 등장합니다. PoS일 때에 51%의 지분을 모아서 매번 확인하는 것도 번거롭다는 개념입니다. DPoS(Delegated Proof of Stake)는 '위임 지분 증명'이라고 번역이 되는데 말 그대로 지분 증명을 위임하는 방식입니다. 상위 코인 보유자들이 인정해주는 노드 하나를 지정하고 그냥 그쪽에서 알아서 다 처리하게 하는 방식입니다.

예를 들자면 PoS가 결제 때마다 이사회가 모여서 사인해주는 것이라면, DPoS는 이사회를 통해 대표 이사 하나 정해서 거기서 다 알아서 결제하게 하는 방식을 차용한 개념이라고 보면 됩니다.

이러면 이제 검증을 한 곳 또는 지정된 몇 개의 노드에서만 하게 되니까 검증도 줄고 여러 노드가 복사&붙여넣기 할 일도 없어서 속도가 빨라지고 전기도 적게 쓰는 친환경이 됩니다.

여기까지 보고 또다시 이게 무슨 블록체인이냐? 이게 무슨 탈중앙화냐? 이런 의심이 든다고 하면 역시 탈중앙에 대한 이해가 없다, 신앙이 없다는 소리를 듣게 됩니다.

특정 개인이나 단체가 사설 화폐 또는 주식에 준하는 물건을 발급해서 팔고, 그게 거래소를 통해 시세가 오르내리고 거래가 되면 되는 겁니다.

거기에 어떤 게 진정한 블록체인이냐 아니냐 하는 이야기는 상관없어진 지 오래입니다.

그러니 블록체인에 대해 제대로 이해하려면 **블록체인이 기술을 통해 신뢰를 얻는 것이 아닌, 발행 및 운영 주체에 대한 신뢰로 돌아가는 세계**라는 것을 확실히 알아둘 필요가 있습니다.

여기에 추가로 개념 하나가 더 있습니다.

퍼블릭(Public)과 프라이빗(Private)이라는 개념입니다.

다시 기본으로 돌아가면 장부 검증을 할 때, 컴퓨터 프로그램을 켜서 참여한다. 그렇게 해서 검증에 참여하면 코인 보상을 받는다. 그것을 채굴이라고 한다고 했습니다.

퍼블릭이라고 할 경우, 누구나 검증 프로그램을 켜서 참여할 수 있는 블록체인 메인넷 방식을 말합니다. PoW든, PoS든, 검증에 영향력이 있냐 없냐를 떠나서 일단 누구나 노드를 켜고 참여할 수 있습니다.

그런데 프라이빗은 아무나 검증에 끼워주지 않는 블록체인 메인넷 방식을 말합니다. 노드를 켤 수 있는 권한 자체가 제한되어 있다면 프라이빗입니다. 발행 및 운영 측이 알아서 검증해 줄 테니까 믿으십시오! 하는 신앙심, 신뢰 기반으로 가는 겁니다. 이쪽의 대표적인 예로 클레이튼이 있습니다(클레이튼 측은 퍼블릭과 프라이빗이 섞인 하이브리드라고 주장하고 있습니다).

거기에 이제 샤딩(Sharding)이라는 방식까지 등장합니다.

블록체인에서 사용하는 개념들은 기본적으로 대부분 기존 서버 개발 쪽에 있는 개념이라고 보시면 되는데, 샤딩도 마찬가지입니다.

우선 기존 규칙은 보셔서 아시겠지만, 과거부터 현재까지 모든 트랜잭션을 순서대로 일렬(체인)로 장부에 적어야 합니다. 그리고, 모든 노드가 모두 똑같은 내용을 중복해서 저장합니다. 전송과 검증에 많은 시간이 걸리지만 반대로 그렇기 때문에 위변조가 어려우니 블록체인이 대단하다고 주장하는 기본 근거가 되는 규칙입니다.

그런데 이게 시간은 오래 걸리고 비용은 비싸고 전기도 낭비한다는 지적이 이어지자, 복잡한 연산을 생략하고 검증도 발행 측과 돈 많은 일부만 하게 하자가 되었습니다. 이것이 PoS, 프라이빗 블록체인 개념입니다.

샤딩은 여기서 한 발 더 나아가는 개념입니다. 검증을 분산하는 겁니다. 장부 데이터베이스를 여러 개로 나눈 후에 따로따로 검증하겠다는 겁니다. 전체 검증도 아니고 일부로 나눠서 너 이만큼 나 이만큼 해서 여러 서버에서 따로따로 장부를 작성하겠다는 겁니다. 그래서 장부 등록 요청이 오면 적당히 정한 규칙에 따라 '너는 1번 장부에 기록'이라고 한 후에 1번 장부 검증 노드가 확인해주는 식입니다.

이러면 이 샤딩 된 일부 장부에서 누군가 51%를 차지하면 됩니다. 여기에 PoS까지 합쳐지면 훨씬 적은 지분만 가져도 상황을 통제할 수 있습니다. 물론 그런 상황에 대해 대처법이 있다면서 '안심하십시오!' 라고 하긴 합니다.

이더리움이 이렇게 해서 PoS에 샤딩 방식을 도입합니다.

여기까지 블록체인 기술을 길게 설명한 이유는 보안이나 해킹 가능성, 블록체인 기술의 한계를 설명하기 위함이 아닙니다. 블록체인 비즈니스에는 발행 및 운영 주체가 있으며 운영 규칙을 지속적으로 변경하고 있다는 점입니다. 그 말은 운영 측이 임의로 언제든 시스템을 마음대로 할 수 있다는 뜻입니다. 운영 방식도 주주 의견을 반영하여 운영하는 이사회 방식과 별반 다를 것도 없습니다. 그리고, 그런 만큼 블록체인 기술 자체보다는 발행 및 운영 주체에 대한 신뢰가 중요한 상태가 되었다는 점입니다.

반대로 운영 측은 막연한 약속에 대한 신뢰만으로 운영할 수 있으며, 약속을 지키지 않아도 규정이나 법이 없으니 처벌이 없는 상황을 누릴 수 있다는 점이 핵심입니다.

정리하자면 돈, 주식, 상품권 관련 사업은 정부의 엄격한 승인과 관리 감독을 받아야 하는 민감한 사업이었는데, 블록체인은 이를 무시하고 무규칙으로 개인 또는 기업이 이 사업을 할 수 있게 해주는 비즈니스 모델이다. 그것이 탈중앙이라고 보시면 됩니다.

이 상황이 좋다, 나쁘다는 평가를 하려는 것이 아니고 그냥 그렇게 돌아가고 있다는 겁니다.

여기까지가 NFT를 이해하는 데 필요한 블록체인의 기술과 사업 관련 기초 개념입니다. 이제 NFT가 정확히 뭔지 알아보도록 하겠습니다.

4. NFT란 무엇인가?

앞의 내용을 통해 별 관심 없으신 분들조차 많이 들어봤을 블록체인의 기본 개념, 탈중앙화 등이 이제 더 이상 유효하지 않다는 점을 정리했습니다.

그러니 NFT 설명에 들어가기에 앞서 상기할 개념은 두 가지입니다.

첫째, 온체인과 오프체인 개념. 즉, 블록체인을 쓰지 않을수록 좋다.

둘째, PoW와 PoS 개념. 이제 채굴하고 그런 시대는 지났다. 그냥 코인을 발행하거나 많이 가지고 있는 중앙 운영 측에서 모두 결정하고 심지어 사람들이 그것을 좋아한다.

이제 온라인 게임 운영처럼 특정 코인의 시세가 폭락하거나 문제가 생기면 운영 측에 대책을 내놓으라고 하는 시대가 된 지 오래입니다. 중앙이 없다는 뜻의 탈중앙이라는 단어와 달리 사람들은 중앙이 확실한 것을 선호하는 것이 블록체인 비즈니스 세계입니다.

탈중앙이라고 하면서 발행 측이 코인 발행 후에 운영 개입을 최소화하고 손 놓고 있으면 싫어합니다. 먹튀다 뭐다 하면서 멱살 잡힙니다. 어떻게든 방법 써서 시세 올려놓으라고 욕먹습니다. 이것이 최신 탈중앙 트렌드이며 이런 경향이 점점 심해지고 있습니다.

이 점을 염두에 둔 상태에서 NFT로 들어가겠습니다.

NFT는 Non Fungible Token의 약자로 '대체 불가 토큰'이라고 거창하게 번역 되는 단어입니다. 거창한 이름에 비해 사실 별것 없습니다. 그냥 기존 코인(Fungible Token) 대비 나누거나 쪼개서 파는 것이 안 되는(Non) 아이템 개념이라고 보시면 됩니다.

거꾸로 기존 코인은 쪼개 팔기가 된다는 말입니다. 예를 들자면 1비트코인을 0.0001로 나눠서 보내거나 받는 것이 됩니다. 그게 어떻게 됩니까? 라고 한다면 그냥 그렇게 만들어진 겁니다. 특별할 것은 없습니다.

모든 디지털 숫자가 그렇게 되냐면 그렇진 않습니다. 만들기 나름입니다.

예를 들자면 블록체인까지 갈 것도 없이 리니지 아덴은 1아덴이 최소고 이를 0.001 아덴으로 쪼개서 누군가에게 줄 수 없습니다. 하지만 디지털 세상이니 엔씨소프트가 그렇게 하고 싶으면 그런 기능을 추가하면 될 일입니다. 그냥 안 하는 것입니다.

아무튼, 숫자 코인은 더 작은 숫자로 쪼개서 주고받을 수 있습니다. 그런데 반대로 쪼개지 못하고 통으로만 주고받을 수 있게 일부러 만든 토큰을 NFT라고 부르자고 정한 겁니다. 보기에 따라선 오히려 더 불편한 것 아닌가 할 수 있는데, 사실 맞는 말입니다.

그리고, 앞에서 설명한 바와 같이 NFT를 사용하려면 메인넷에 NFT를 생성할 수 있는 기능이 있어야 하는데, 비트코인은 NFT 생성이 안 되고 이더리움이나 그 이후에 나온 메인넷에서는 NFT 생성 기능을 대부분 지원합니다.

여기까지는 이러이러한 것을 NFT로 부르고 있다는 일종의 용어 정리입니다. 그럼 새삼스럽지만 이제 기술적으로 정확히 토큰과 NFT는 무엇인지 잠깐 알아보겠습니다.

그 전에 토큰과 코인의 차이를 짚고 넘어가겠습니다. 일단 이 두 단어의 차이는 그냥 사람들 사이에 그런 식으로 하기로 어느 순간 정해진 것으로 꼭 그래야 하는 법칙 같은 것은 아닙니다.

메인넷에서 직접 만들어진 기본 숫자를 코인(Coin)이라고 부릅니다.

메인넷의 기능을 이용하여 독자적인, 소위 파생 코인을 만든 경우 이 것을 일반적으로 토큰(Token)이라고 부릅니다.

메인넷에서 직접 만든 것과 아닌 것의 차이는 수수료에 있습니다.

예를 들어보겠습니다. 이더리움 메인넷의 기본 단위 이더(ETH)는 숫자를 주고 받을 때 수수료(Gas Fee)로 이더(ETH)를 내야 합니다. 그런데 이더리움 메인넷의 기능을 이용해 만든 파생 코인 A가 있다고 합시다. 이때 파생 코인 A를 주고받을 때는 기록이 이더리움 메인넷의 장부에 적힙니다. 따라서 수수료를 코인A로 지불하지 않고 이더(ETH)를 내야 합니다. 그리고, 메인넷이 다른 비트코인과 이더리움은 블록체인을 통해 서로 주고받을 수 없지만, 같은 이더리움 장부(메인넷)를 쓰는 이더리움 파생 코인 A와 B는 수수료로 ETH를 내고 서로 교환할 수 있습니다.

비즈니스 구조를 설계할 때, 수수료를 누가 가져가냐가 매우 중요합니다. 이후 K-게임과 NFT를 이야기할 때 이 내용이 다시 나올 것입니다.

그러나, 토큰과 코인의 용어 구분은 엄격하지 않으므로, 앞으로도 본문에서 수수료 문제가 민감하게 다뤄지지 않는 경우 코인, 토큰을 혼용하겠습니다. 대신 필요할 경우 '파생 코인'이라는 형태로 더 분명하게 수수료 이익을 얻지 못하는 코인이라고 밝히는 형태로 하겠습니다.

다시 돌아와서 토큰과 NFT가 기술적으로 정확히 어떻게 구현되어 있는지 알아보겠습니다. 블록체인은 거래를 순서대로 장부에 적는 것이고, 이것을 여럿이 검증하고 동일하게 복사해서 가지고 있는 것이라고 했습니다. 그리고 각 거래는 트랜잭션이라고 부른다고 했습니다.

그 디지털 장부라는 곳에 적히는 내용은 무엇일까요? 즉, 1회 거래, 1회 트랜잭션에 포함되는 정보는 무엇이냐에 관해 복잡한 이야기는 빼고 정리하면 대략 다음과 같습니다.

○○○○년 ○○월 ○○일 ○○시 ○○분 ○○초에 A 지갑에서 B 지갑으로 0.001 코인을 옮겼고 그래서 A 지갑에는 얼마가 남아있고 B에는 얼마가 남아있다. 끝.

요런 느낌의 텍스트 정보 모음이라고 보면 대충 맞습니다.

비록 텍스트 한두 줄일지라도 이 모든 거래 내역을 기록한 것이 블록체인입니다. 처음부터 지금 이 순간까지의 모든 거래 내역이 다 빠짐없이 순서대로 기록됩니다. 이러면 상당히 큰 용량이 됩니다. 게다가 검증에 참여하는 전 세계의 모든 컴퓨터에 계속 갱신해서 복사&붙여넣기를 해야 합니다. 큰일입니다.

그러면 간단한 숫자 주고받는 정도로도 이렇게 큰일인데 그림, 음악, 영상 소유권을 산다는 NFT는 어떻게 장부에 기록될까요?

비싸게 팔렸다는 NFT 아트 이미지

위 그림은 처음으로 비싸게 팔려서 NFT 아트 판매의 장을 열었다고 알려진 그림입니다. 축소된 이미지이며 원본은 상당히 큽니다. 그러면 블록체인답게 이 그림이 모든 장부에 원본이 담겨서 복사&붙여넣기 가 되고 있을까요?

물론 아닙니다. 블록체인 장부상에 위 그림은 존재하지 않습니다.

저 그림이 정석대로 블록체인상에 존재하려면 모든 블록체인 장부 상에 원본 파일 수백 MB(메가바이트)짜리가 똑같이 복사되어 붙여넣기 가 되어 있어야 합니다.

그런데 NFT는 저 그림 하나뿐이 아닙니다. 지금 이 순간에도 계속 수천, 수만 개의 NFT가 생기고 있습니다. 그림은 그렇다 치고 음악이 나 동영상도 NFT로 팔리고 있습니다. 이 모든 자료들이 전 세계 컴퓨 터에 수없이 복사, 보관된다? 불가능합니다.

그런데 다들 잘만 NFT를 거래하고 있고, 작품을 볼 수 있습니다. 그 게 어떻게 가능한 걸까요?

답은 오프체인입니다.

NFT는 블록체인을 쓰지 않습니다.

NFT는 오프체인을 기본으로 해서 온체인이 약간 섞인 사업이라고 보면 됩니다. NFT 형태로 판다고 하는 그림, 음악, 영상은 실제로는 그냥 NFT 아트 거래소 서버 또는 판매자의 서버에 올라가 있습니다. 블록체인과 무관합니다.

대신에 블록체인 장부에는 해당 파일이 있는 서버의 URL(인터넷상 의 파일 주소)이 적혀 있을 뿐입니다. URL을 넣으라고 정해져 있는 것도 아닙니다. 그냥 파는 쪽에서 NFT를 생성할 때 URL을 넣는 것이 일반 화되어 있을 뿐입니다.

조금 더 구체적으로 NFT 정보를 들어가면 해시값이니 뭐니 하는 이

야기도 나오는데 이런 복잡한 내용 걷어내면 블록체인 장부에는 대략

> '언제 생성된 NFT는 파일의 URL과 약간의 검증을 위한 텍스트가 추가되어 있으며 OO 지갑이 소유하고 있음'

정도의 텍스트 정보만 담겨있다고 보면 됩니다.

더 정확하게는 수 KB(킬로바이트) 정도에 해당하는 아주 적은 용량의 텍스트를 적어넣은 파일이 있고, 이를 나누지 못하고 통째로 주고받을 수 있게 한 것이 NFT입니다.

그러면 앞에서 본 그림의 파일이 올라가 있는 미술품 사이트가 망하거나 모종의 이유로 서버 접속이 되지 않아서 URL이 끊기게 되면?

그림 못 봅니다.

대신 미술품 사이트는 망했는데 해당 NFT가 장부상에 적혀있는 메인넷은 아직 안 망했다면, 블록체인 장부상에 해당 NFT를 OO지갑이 소유하고 있음은 확인할 수 있습니다. 그림은 없고 영수증만 들고 있는 셈입니다.

반대 상황을 가정해 보겠습니다.

미술품 사이트는 살아 있는데 해당 NFT가 담겨있는 메인넷이 모종의 이유로 망해서 거래 불가 상황이 되었다고 합시다. 드문 경우이긴 하지만 사고 실험을 위한 가정입니다. 2022년에 테라 메인넷이 망하면서 전혀 불가능한 이야기가 아닌것이 증명되기는 했습니다.

미술품 사이트는 살아 있는데 NFT 거래 정보가 담긴 메인넷이 망한다면, 미술품 사이트의 회원 정보에 당신이 해당 미술품을 가지고 있다는 정보가 아직 남아있게 됩니다. 그러니 해당 미술품 사이트에서 자기네 서버 DB(데이터베이스) 기록을 가지고 복구해 주거나 다른 메인넷으로 기록을 옮겨줄 수 있습니다. 거래소에서 오프체인으로 비트코인과 이더리움을 바꿔주는 것과 같습니다.

정리하자면 NFT에는 내가 산 그림, 음악 등의 데이터는 포함되어 있지 않습니다. 대신 NFT 생성 시 판매자가 적당한 정보를 넣어서 판매 사이트 서버에 있는 블록체인과 아무 관계없는 그림이 구매자의 것이라고 주장해 줄 수는 있습니다. 그렇다 보니 소유는 판매자의 주장일 뿐이며 블록체인 기술은 해당 데이터가 구매자의 소유라는 법적 권리가 있는지에 대해서 아무런 보장을 해주지 못합니다.

그렇다 보니 NFT도 역시 판매자에 대한 신뢰 기반으로 움직이는 세계가 됩니다.

게임 쪽 실제 예를 들어보겠습니다.

일본 유명 게임사 코나미에서 NFT를 판 사례가 있습니다. 게임에 사용되는 것은 아니고 그냥 기념 아트 판매였습니다.

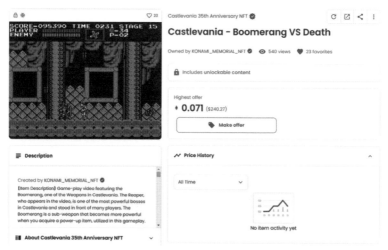

NFT 열풍 올라탄 코나미 "악마성 드라큘라 콘텐츠, NFT로 구매하세요"
– 디스이즈게임 2022년 1월 7일 기사 38

이런 아트 판매의 경우, 해당 이미지의 가치는 NFT의 어떤 정보가 보증해주는 것이 아닙니다. 판매자인 코나미가 보증해 주는 것입니다. 특정 수량만 팔겠다, 이 그림을 소유하는 것은 어떤 의미이다 등등 모두 판매자 측이 약속하는 것이지 기술적으로 막혀있거나 보증되는 것

38 NFT 열풍 올라탄 코나미 "악마성 드라큘라 콘텐츠,
   NFT로 구매하세요" - 디스이즈게임 22.01.07

이 아닙니다.

그리고, 해당 이미지는 블록체인 장부상에 있는 것이 아니라 별도 일반 서버의 URL에 있는 것입니다. 그러니 누군가가 똑같은 URL이 담긴 NFT를 생성해서 판다면 기능상으로는 둘을 구분할 수 없습니다.

동일한 URL을 가리키고 있는 두 NFT 중 무엇이 진짜 해당 이미지에 대한 소유권을 가진 것인지는 블록체인으로 구분할 수 없습니다. 판매자인 코나미가 해주어야 합니다.

혹은 코나미가 공개적으로 판매하는 과정을 사람들이 지켜본 만큼 그 정보가 인터넷에 기록으로 남아있으니 이를 가지고 사람들이 역추적해서 어느 쪽이 코나미가 판 NFT인지 확인하는 방식을 취하게 됩니다. 그러니 이 역시 넓은 의미로 코나미가 인정해준 것이라고 봐야 합니다.

또한, 해당 이미지에 대해 구매자가 어느 정도 권리를 가졌는지도 NFT라는 기술 자체로는 아무런 제약이나 허용을 할 수 없습니다. 이 역시 판매자가 판매한 당시에 한 말을 통해 단순 소유권인지, 2차 사용이 가능한지, 이를 활용한 수익 활동이 가능한지가 정해집니다.

그렇다 보니 위 그림처럼 명시적인 권리자가 존재하지 않거나 불확실한 경우에는 아무나 그냥 가져다 팔면 된다는 문제가 발생합니다.

실제로 지금도 벌어지고 있습니다.

그래서 결국에는 이 그림을 등록해주는 NFT 아트 사이트가 권리를 확인하고 인증해주는 일반 미술 판매와 동일한 신용 사업을 하게 되는 것이 현재 NFT 판매 상황입니다.

여기까지가 NFT에 대한 기술적인 내용입니다.

즉, 블록체인 장부상에는 특정 문자열을 어느 지갑이 소유하고 있는지만 볼 수 있습니다. 그 특정 문자열이 무슨 의미가 있는지는 판매자가 정하기 나름입니다. 즉, 판매자가 약속을 지키지 않거나 말을 바꾸면 그 자리에서 아무 의미가 없어지는 것입니다.

그래서 중요하고 비싼 NFT 거래의 경우에는 판매자와 구매자 간에 별도의 현실 계약서를 작성하기도 합니다. 탈중앙 거래 보증을 중앙 법원이 해주는 겁니다.

이제 블록체인과 NFT 전반에 대해 필요한 정보를 모았습니다. 다음으로 NFT를 이용한 사업들을 살펴보면서 한국 게임사들이 왜 NFT를 그렇게 하고싶어 하는지 알아보겠습니다.

5. NFT를 이용해서 어떤 사업이 가능한가?

NFT는 대체불가토큰이라고 해서 말은 거창한데, 실제로는 그냥 쪼개거나 나눠서 주고받기가 안 돼서 통째로 주고받아야 하는, 어떤 의미에서는 일부러 더 불편하게 만든 토큰 형식을 말합니다.

엄청나게 많은 수의 컴퓨터에 복사, 붙여넣기를 해서 위변조를 막는

다는 블록체인의 정석대로라면 전 세계의 모든 NFT에 사용되는 영상, 이미지, 음악이 수많은 컴퓨터에 동일하게 저장되어야 합니다.

그것은 현실적으로 불가능합니다.

그래서 NFT 안에는 구매한 그림, 음악, 영상등의 데이터가 포함되어 있지 않습니다.

NFT 자체 안에는 수 KB 분량의 텍스트 정보만 담을 수 있고 보통 여기에 URL을 기록해 둡니다. 정작 그림은 다른 일반 서버에 있고 그 서버를 운영하는 미술 판매사이트나 판매자가 망하면 사라집니다.

그러니 결과적으로 판매자가 뭐라고 하고 팔았냐, 그 판매자를 믿을 수 있느냐만이 중요해집니다.

그렇게 따지면 NFT는 URL도 상관이 없습니다. NFT에 적당한 문자열 ABCD를 적고, 미술 판매 사이트 서버에 이를 소유하고 있다고 인증하면 서버에서 ABCD와 매칭하는 그림을 보여주면 됩니다.

사용자 계정에 #1234라는 아이템을 가지고 있다고 기록되어 있으면 게임 서버에서 '집행검'을 가지고 있다고 보여주는 것과 동일합니다.

즉, 중요한 것은 NFT에 뭐라고 적혀 있냐가 아니라 이것을 판매자 서버로 들고 왔을 때, 판매자가 뭐라고 인정해줄 것이냐입니다.

이것이 NFT 비즈니스 설계의 핵심입니다.

현실의 예를 들어보겠습니다.

위의 그림을 봅시다. 현실에 존재하는 저 그림-돈-은 기술적으로만 보자면 종이에 위변조가 어렵게 인쇄된 숫자입니다. 그런데 가치가 있습니다. 종이 자체의 가치가 아니라 다른 가치가 있습니다. 왜냐하면, 그 가치를 대한민국 정부가 보증하기 때문입니다. 따라서 정부가 보증했다는 절차나 기술이 완전히 동일해도 정부가 미덥지 않으면

'달걀 한 알이 500억?'… 화폐 또 찍은 짐바브웨
KBS 뉴스 2016년 11월 29일 기사 ③⑨

라는 사례처럼 휴지보다 못한 가치를 갖게 됩니다.

지폐의 경우에서도 알 수 있듯이 위변조가 쉽냐, 어렵냐 같은 기술 문제가 아니라, 발행처에 대한 신뢰 문제가 해당 종이가 가진 가치의 본질입니다.

---

39 '달걀 한 알이 500억?'…화폐 또 찍는 짐바브웨
KBS뉴스 16.11.29

마찬가지로 블록체인상에 존재하는 특정 텍스트 몇 줄인 NFT의 가치나 의미를 규정하고 보증해주는 것은 블록체인 시스템이 아닙니다. 판매자의 선언-예를 들면 작가가 '예, 제가 판 것 맞습니다' 해주기-이 보증해주는 것입니다.

앞에서 예로 들었던 코나미가 판매한 NFT를 다시 생각해 보겠습니다. 완전히 동일한 파일을 동일한 기술을 써서 NFT로 만들어서 제가 직접 팔 수 있습니다. 그런다고 사람들이 인정하는 가치가 생길까요? 당연히 아닙니다.

즉, 코나미가 판매한 NFT의 가치는 코나미가 블록체인을 전혀 사용하지 않은 자신들의 공식 홈페이지를 통해 인정하니까 신뢰도가 생기는 겁니다.

이렇게 탈중앙 블록체인 비즈니스는 기술이 아니라 판매자의 말에 대한 신뢰로 돌아가는 세계라는 것을 받아들이면, 드디어 출발선에 선 것입니다.

이 규칙대로면 탈중앙 프로젝트일수록 주체가 분명하고 신뢰가 있어야 잘 돌아갑니다.

잘 돌아간다는 이야기는 판매자가 유명하고 신뢰가 있을수록 NFT든 코인이든 고가에 잘 팔리거나 시세가 오를 가능성이 높다는 이야기입니다.

아닌 경우도 존재하지만 대부분 그렇다는 것입니다.

이제 기술적으로는 완전히 동일하고 아무 차이가 없는 코인이지만, 제가 말하면 아무 의미가 없고 일론 머스크가 한마디 하면 가격이 폭등하는 게임이 시작되는 것입니다. 여기에 기술의 우열은 전혀 없습니다.

그러면 이제 두 가지 질문에 답을 찾아가 보겠습니다.

1. 왜 팔리나?
2. (한국) 게임에서는 왜 NFT가 금지인가?

이 책을 보시는 분들이라면 NFT가 한국 게임에서는 불법이라는 사실을 대부분 아실 것입니다. 그렇다 보니 NFT 자체가 한국에서 불법이라고 생각하실 수 있습니다. 그러나, NFT 자체를 못 팔 이유는 없습니다. 가치가 있냐, 없느냐를 떠나서요. 앞으로도 불법이 될 가능성은 높지 않아 보입니다.

NFT가 합법이냐 아니냐, 코인이 합법이냐 아니냐는 정확한 질문이 아닙니다. NFT는 기술이나 개념 명칭입니다. NFT 자체로는 불법, 합법 여부를 말할 수 없습니다.

불법, 합법 여부는 판매자가 NFT 또는 코인을 뭐라고 하면서 팔았나에 따라 결정됩니다.

예를 들어보겠습니다.

'재미 삼아 NFT를 만들어 보았습니다. 사주시면 감사합니다.'라고 하면 합법이지만 '이 NFT는 가치가 있는 것이고 가지고 있으면 시세가 올라서 나중에 시세 차익을 올릴 수 있습니다' 라고 하면 불법입니다. 허가나 자격없이 증권, 주식과 유사한 것을 팔았다는 것으로 판정되는 겁니다.

후자의 판매 방식은 국내뿐 아니라 해외 대부분 국가에서 불법으로 정해져 있습니다.

그러니까 NFT 그림 판매는 법적으로 문제가 없습니다. 그림의 금전적 가치가 높은지 낮은지는 거래 당사자 사이에 알아서 할 일입니다. 이 그림을 가지고 있으면 가치가 올라간다고 말하지 않으면 됩니다.

그냥 비싸게 팔렸을 뿐입니다.

'예술 작품을 소유하고 있으면 가치가 올라가는 경우가 있다. 하지만 구매자가 이 그림을 가지고 있으면 반드시 가치가 올라간다고 한 적은 없다'라고 하는 식이면 됩니다.

이렇게 되면 사실 기술은 무슨 방법을 썼든 별 상관이 없습니다.

당사자들끼리 만족한 거래라는데 행복하다면 OK입니다. 법으로 막을 수 없다. 끝…이 법적인 관점인 겁니다. 그러니 국내에서도 그림이나 영상을 팔고 그에 따른 증표로 NFT를 발급해줘도 상관이 없고, 실제로도 거래가 일어나고 있습니다. 사업이 잘되냐 안되냐를 떠나서 불법은 확실히 아닙니다.

그럼 이제 1. 왜 팔리나? 를 알려면 질문을 살짝 바꿔야 합니다.

1. 왜 팔리나? ⇨ 뭐라고 하면서 팔고 있나?

위와 같이 바꾸면 좀 더 답을 찾기 쉬워집니다. 여기부터는 기술이 아닌 NFT 판매 트렌드가 됩니다. NFT 판매 형태가 워낙 다양하다보니 다 정리하기는 어렵습니다만, 큰 흐름을 세 가지 정도로 정리해볼 수 있습니다.

1) 소유권 판매

어떤 디지털 저작물에 대한 소유 증표라고 하면서 팔기 시작한 것이 첫 번째 물결이라고 볼 수 있습니다. 그간 디지털 아트는 현실 그림과 달리 복제가 쉬워 판매하기가 어려웠는데, 소유권 증서를 같이 팔면 된다는 겁니다.

물론 NFT 안에 그림은 포함되어 있지 않고 해당 아트 사이트가 망하면 이미지가 사라지긴 합니다. 그래서 판매자가 문제 시 보증을 약속하기도 합니다. 그래서 이메일로 원본 이미지 파일을 보내주기도 합니다. 하지만 중요한 점은 파일 자체가 아니라 당신이 이 그림의 소유자가 맞다는 것을 블록체인이 아닌 판매자가 인정해 줘야 한다는 점입니다.

해당 NFT는 인정하지 않는다고 판매자가 선언하면 그냥 끝입니다. 중요한 규칙이므로 반복합니다만 이 상황에서 블록체인이 보증해주는 것은 없습니다.

2) 신분 혜택 판매

이렇게 해서 디지털 아트 판매를 해봤더니 대부분의 예술 작품은 안 팔렸습니다. 오히려 유명 가수가 한정 판매한 NFT나 프로필 이미지라고 하면서 게시한 이상한 조합형 이미지 같은 것들이 고가에 잘 팔렸습니다.

이런 것들이 왜 팔리냐에 대한 의견과 해석은 분분합니다만, 저는 신분 혜택 판매라는 이론을 지지합니다.

해당 NFT가 소유권을 보장해준다는 그림이나 음악, 조합형 이미지가 마음에 들고 가치가 있다고 생각해서 사는 것이 아니라, 해당 소유권을 가지면 누릴 수 있는 혜택 때문에 산다는 것입니다.

예를 들어, 유명 가수가 한정 판매한 NFT 앨범이 있습니다. 이 경우, 앨범 음악은 스트리밍 사이트 등을 통해 누구나 쉽게 들을 수 있는 것과 동일합니다. 하지만 고액을 주고 NFT 형태로 샀을 경우에는 보이지 않는 다른 효과가 있습니다. 해당 구매자가 해당 가수 팬덤 사이에서 높은 신분을 가진 팬이 되고, 해당 가수가 그 사람을 알아봐 준다는 혜택을 누릴 수 있습니다.

처음에는 이 효과나 혜택이 명시적이지 않았는데 사람들이 그 효과가 있다는 사실을 알게 된 것으로 보입니다.

그래서 어느 순간부터는 이런 혜택이나 효과가 명시적으로 됩니다. 예를 들자면 특정 NFT를 소유하고 있다면 소유자 대상의 파티에 들어올 수 있다거나, 열성 팬들을 위한 비공개 커뮤니티에 들어올 수 있

이 NFT를 사면 작가님이 싸인을 해주신다고?

정품 싸인은 못참지ㅋㅋ

다는 식으로 판매자가 혜택을 보장하는 겁니다.

아이돌 음반 산업의 경우 앨범 안에 랜덤으로 악수회나 콘서트 티켓 등을 넣어서 대량으로 앨범을 사게 만드는 상술이 존재합니다. 이 경우 고객들은 앨범을 갖기 위해 앨범을 구매하는 것이 아니라, 악수회나 콘서트 티켓을 위해 앨범을 구매하는 것입니다. 이것의 NFT화에 가깝습니다. 이제 CD를 수백 장 사서 티켓만 구한 후 버릴 필요 없이 비싼 NFT 하나만 사면 되니까 상대적으로 친환경이라 할 수 있습니다.

그러면서 가지고 있으면 가치가 올라간다고 우회적으로 홍보하던 예술 작품 판매 트렌드는 끝납니다. 대신에 아티스트의 열성 팬 인증이나 비공개 사교 클럽 입장권 판매로 트렌드가 바뀝니다.

3) 서비스 혜택 판매

이렇게 앞의 과정을 보고 나니 이 혜택 부여 개념을 다른 일반 서비스에 써도 되겠다는 식으로 사업가들의 생각이 흘러갑니다.

그래서 이제 해당 NFT를 가지고 있으면 자기가 제공하는 서비스 내에서 어떤 혜택을 주겠다고 하면서 팝니다. 그 서비스는 블록체인 서비스일 수도 있고 전혀 다른 무언가일 수도 있습니다만, 어차피 판매자와 구매자 간에 동의하면 되는 거니까 상관없습니다.

그러면서 추후 실제 서비스가 나오면 비싼 가격에 팔 혜택인데 아직 서비스가 나오지 않은 상태에서 NFT 형태로 싼값에 팔겠다고 하는 일종의 크라우드 펀딩 영수증 형태의 NFT 판매 방식이 등장합니다.

만들 예정이라고 선언한 어떤 서비스에 들어갈 예정이라고 선언한 어떤 혜택을 잘라서 서비스 완성되기 전에 '쌉니다, 싸요!' 하면서 파는 겁니다.

'골프장 회원권을 선착순 혹은 추첨 한정으로 특가 판매하니까 사세요, 나중에 골프장 정식 오픈하면 훨씬 비싼 회원권입니다. 그때 가서 직접 쓰셔도 되고 시세 차익을 남기고 다른 사람에게 파셔도 됩니다.'

이런 방식으로 얘기하곤 합니다. 물론 가치 상승은 대놓고 말하면 안 되므로 그런 뉘앙스만 풍깁니다.

그리고, 혜택이 한 번 쓰면 사라지는 것이 아닌 형태가 많다 보니, 이 점을 응용해서 혜택을 타인에게 완전히 넘기지 않고 빌려줄 수 있게 하는 렌탈 시스템이 등장합니다. 블록체인 쪽에서는 렌탈이라고 하면 없어 보인다고 생각해서인지 이를 스콜라쉽(장학 시스템)이라고 무슨 어려운 학생 도와주는 것처럼 부릅니다. 하지만 서비스 내에서 어떤 혜택 인증을 빌려준 후 비용을 받거나 수익을 나누어 가질 수 있게 하는 시스템입니다. 골프 회원권을 통째로 판매하는 게 아니라 렌탈하는 비즈니스가 등장한 겁니다.

그래서 블록체인 NFT 게임에서는 고액 구매자가 직접 게임을 하지 않고 장비를 빌려주고 대가를 받는 일이 일반화됩니다.

곡괭이질을 해서 파밍을 해야 하는 게임인데 좋은 곡괭이여야 효율이 높게 만들어 놓습니다. 그렇게 하고 좋은 곡괭이 장비를 살 돈이 없는 동남아나 남미 사람들이 부자들에게 곡괭이 아이템을 빌려서 파밍하고 수익배분이라 불리는 상납금을 내도록 하는 게임플레이가 이 흐름에서 나오게 됩니다. 이렇게 되면 고급 곡괭이에 '투자'한 사람들이 자신에게 장비를 빌려서 파밍을 하고 수익 분배할 사람들을 적극적으로 호객하는 부가 효과를 얻게 됩니다.

여기에서 한 발 더 나가는 장치가 등장합니다.

이제까지는 NFT 판매가 정가 또는 경매였습니다. 판매 후에 가격이 오르는 것은 NFT 판매자에게 직접적인 이익은 되지 않았습니다. 적어도 겉으로 보기에는 그렇게 되어있습니다.

그렇다 보니 판매자 입장에서 서비스 혜택을 파는 데 꼭 정가로 팔 필요가 있는가 하는 의문이 든 것 같습니다. 그래서 적은 금액으로 발을 들이지만 결국 큰돈을 쓰게 만드는 시스템을 도입합니다.

즉, 가챠 판매가 등장합니다.

그러니까 다음과 같이 판매합니다.

'게임을 만들 건데 그 게임에 나올 3성 카드, 5성 카드 등을 가챠로 선행 판매를 실시합니다! 정식 서비스 때는 10만 원짜리 가챠지만 지금은 한정 수량 특가로 만 원에 확률 두 배로 가챠에 도전하게 해드리겠습니다! 게임에 관심이 없으셔도 괜찮습니다! 다시 팔아도 되고, 서비스 개시 후 필요한 사람에게 빌려주고 임대료를 받아도 됩니다. 그러니 지금 도전하세요!'

이런 느낌으로 말이죠.

NFT가 소멸하지 않고 영구히 블록체인 세상에 남아있다는 생각은 첫 등장 때 그런 방식으로 팔았기 때문입니다. 사실 쪼개 팔아도 되는데 일부러 쪼개 팔지 못하도록 프로그램을 짠 것과 마찬가지인 겁니다. 무슨 절대 법칙이나 기술 제약 때문이 아닙니다. 따라서 NFT도 일반 가챠처럼 강화, 합성, 소멸이 모두 가능합니다. 그리고, 그렇게 해서 나온 NFT는 해당 게임이 나오고 개발사에서 약속을 지켜야만 의미를 가집니다.

여기까지의 NFT 비즈니스 규칙을 정리하면 다음과 같습니다.

NFT 비즈니스는
판매자의 말(에 대한 신뢰)이 중요하고 NFT는 거들 뿐입니다.
NFT의 기능은 만들기 나름입니다. 강화, 합성, 소멸 모두 가능합니다.
거래보다는 소유 증명에 따른 혜택을 임대하는 형태가 주류가 되고 있습니다.

NFT의 **가치는 결국 판매자가 말을 지킬 것인지의 여부에 따라 등락**합니다.

결국 일반 가챠 게임처럼 개발사에서 해당 아이템의 성능을 얼마나 지켜줄 것인지, 게임 내 경제를 얼마나 잘 관리해줄 것인지에 대한 신뢰가 중요하고, 이것이 깨지면 사용자들이 대거 이탈한다는 점에서 NFT도 일반 확률형 아이템과 별반 다르지 않습니다.

그러면 별다른 것도 없는 것을 K-게임사들이 왜 그렇게 못해서 안달인가, 반대로 별다른 것도 없다면 아이템 거래가 합법인 한국 게임에서 NFT는 왜 금지인가라는 질문을 해결해야 합니다.

2. 한국 게임에서는 왜 NFT가 금지인가?

드디어 사행성과 블록체인이 합쳐져서 강력한 화학 작용이 벌어지는 순간입니다. 우선 NFT가 왜 금지인지 알려면 다시 한번 사행이 사행'성'이 되는 지점을 다시 살펴보아야 합니다.

여러번 반복해서 거의 외우지 않으셨을까 싶은데, 법적으로 사행(도박)이 되려면 다음 네 가지를 모두 충족해야 합니다.

① '여러 사람'으로부터
② '재물이나 재산상의 이익'(이하 재물 등)을 모아
③ '우연적인 방법'으로 득실을 결정하여
④ 재산상의 '이익'이나 '손실'을 주는 행위

K-게임은 아이템 거래가 실제로 존재함에도 사행이 아닌 사행'성'이 되어 여전히 게임의 지위를 유지하고 있습니다. 그 이유는 ④가 성립하지 않기 때문입니다. 그리고, ④가 성립하지 않는 이유는 게임사가 '직접' 환전에 관여하지 않기 때문입니다. 더 나아가 **환전에 이용될 만한 증서나 파일도 게임 밖으로 내보낼 수 없습니다.**

이에 대해 게임산업진흥에 관한 법률(약칭 게임법) 32조에서

> 누구든지 게임물의 유통질서를 저해하는 다음 각 호의 행위를 하여서는 아니 된다.

라고 하며 7항에서

> 누구든지 게임물의 이용을 통하여 획득한 유·무형의 결과물(점수, 경품, 게임 내에서 사용되는 가상의 화폐로서 대통령령이 정하는 게임머니 및 대통령령이 정하는 이와 유사한 것을 말한다)을 환전 또는 환전 알선하거나 재매입을 업으로 하는 행위

를 하면 안 된다고 분명하게 밝히고 있습니다.

즉, **게임 내의 결과물을 어떤 형태일지라도, 예를 들면 종이에 써주는 등, 게임 밖에서 유통할 수 있는 형태로 발급해주면 사행성이 아니라 사행이 된다는 뜻**입니다.

한국에서 사행성 사건으로 가장 컸던 2006년 '바다이야기' 사건도

정확하게 말하자면 '경품용 상품권' 사건이라고 해야 합니다.

게임 자체가 아니라 게임 점수를 상품권으로 주고 이를 외부의 매입소에서 재매입을 해준 것이 문제가 된 사건입니다. 그래서 바다이야기 개발자가 아니라 경품용 상품권 입법 허가를 내려준 관련자들이 대거 처벌받았습니다.

똑같은 바다이야기 게임일지라도 게임 결과를 게임 밖으로 빼낼 방법이 막혀있으면 개발사 책임은 없다는 뜻입니다. 단적으로 일본에서 빠찡꼬도 점수를 경품으로 바꿔주지 않는 형태로 영업하면 전체 이용가 게임이 됩니다.

게임도, 상품권도 각각 그 자체로는 문제가 없습니다. 그러나, 둘을 특정한 형태로 결합한 사업이 되면 불법이 되는 것입니다. 백화점 상품권은 지금도 아무 문제 없이 사용되고 있지만 이를 게임 점수에 따라 지급하면 불법입니다.

NFT에도 같은 논리가 적용되기에 게임에서 특정 형태로 사용하면 불법입니다. NFT를 그림 구매 증서나 서비스 이용권 형태로 판다면 의미의 유무를 떠나 불법은 아닙니다. 그러나, 게임 결과로 얻은 게임머니나 아이템을 NFT라는 형태로 게임 밖에 가지고 나가 다른 사람과 거래를 할 수 있게 하면 개발사가 우회 환전 장치를 제공한 것이 되어 사행이 성립되는 것입니다.

그래서 게임 사행성 심의를 하는 게임물관리위원회에서

현행법상 블록체인은 OK, NFT는 NO

라며

> 블록체인 기술을 기반으로 한 게임이라도 NFT 등 환전 요소가 없는 게임은 현행 기준으로도 등급을 받을 수 있다. (중략) 거래 기능을 뺀 블록체인 기술과 NFT는 환영한다. 그러면 게임사는 돈이 되지 않기 때문에 기술을 도입하지 않을 것

[여기는지스타] 게임물관리위원회 "현행법상 블록체인은 OK, NFT는 NO"
전자신문 2021년 11월 21일 기사 중 **40**

이라는 발언이 나오게 되는 것입니다.

그러면 여기서 다음 질문이 떠오를 수 있습니다.

왜 해외에서는 NFT 게임을 허용하는 것인가?

이 내용도 많이 착각하시는 부분입니다.

'해외에서는 다 허용하는데 한국에서만 새로운 기술 트렌드를 따라잡지 못하고 있다. 규제에 발목 잡히고 있다'는 보도들을 그대로 받아들이면 생길 수 있는 의문입니다.

해외의 NFT 게임은 일본의 컴프 가챠 사건과 거의 같은 상황입니다.

게임을 국가가 사전 심의하는 나라는 중국, 한국 등을 제외하면 거

---

40 [여기는지스타] 게임물관리위원회 "현행법상 블록체인은 OK,
NFT는 NO" - 전자신문 2021.11.21

의 없습니다. 따라서 일본의 컴프 가챠 역시 어떤 심의도 받지 않고 게임사가 그냥 팔았습니다. 그리고, 그 제재도 게임 심의가 없으니 소비자청이 하는 것으로 정리가 됐습니다. 사전 심의가 없으므로 일단 하다가 문제가 심각해지면 제재가 되는 순서입니다.

NFT도 마찬가지입니다. 해외에서는 게임 사전 심의가 없으니 일단은 그냥 해도 되는 것일 뿐입니다. 그러니 해외 게임의 NFT 환전은 정확히 말하자면 합법이 아닙니다. 아직 합법, 불법 여부 자체가 결정된 적이 없는 것입니다. 합법, 불법 여부가 진지하게 논의된다고 할지라도 대부분의 국가는 게임 심의 기관이 없습니다. 따라서 일본의 컴프 가챠 사례처럼 다른 정부 기관에서 하게 될 것입니다.

비슷한 이유로 해외에서는 코인이나 NFT를 이용한 도박 사이트가 광범위하게 존재합니다. 실제 도박이라면 관련 허가를 받아야 하지만 회색 지대를 이용해서 그냥 서비스 중이고, 국가별로 이에 대한 대응에 조금씩 차이가 있습니다.

그러니 이쪽도 국내 게임사 주장을 그대로 적용한다면 암호화폐 도박을 막는 것은 새로운 기술 트렌드를 따라잡지 못하는 구시대적 규제라고 주장해야 합니다.

자, 그러면 이제 K-게임사가 국내에서 막혔다는 이유로 해외에서만 서비스한다는 방법까지 써가면서 NFT를 하려는 이유. 그리고, NFT가 도입되면 게임이 어떻게 바뀔지를 알아보도록 하겠습니다.

6. K-게임에서 NFT를 도입하면 어떻게 될까?

Play to Earn, P2E 등으로 불리는 개념이 있습니다. 말 그대로 게임을 하면서 돈을 벌라고 합니다. 요즘은 조금 말이 바뀌어서 Play and Earn―즐기고 벌자―라고 하기도 합니다. 모두 블록체인 게임 개발사 쪽에서 만들어낸 마케팅용 신조어입니다.

P2E를 주장하는 게임들이 상당히 인기를 끌고 있다는 말이 있는가 하면 거품이라는 말도 있습니다만, 한국 게임사들은 하나같이 블록체인, NFT를 게임에 도입하겠다고 발표한 상황입니다.

사람에 따라서는 듣기에 그럴싸하다고 느끼실 수도 있을 것 같습니다. 기존 온라인 게임은 서비스가 종료되면 사실 아무것도 남는 것이 없는데 뭔가 남는다고 하니, 좋은지는 몰라도 손해 볼 것은 없어 보입니다.

또는 아이템 거래소를 인정하는 한국의 특이한 상황 때문에 어차피 아이템을 팔 수 있으니까 이미 한국 게임은 P2E 아니냐고 하실 수도 있습니다.

NFT에 대해서도 게임 내에서 아이템 잘만 주고받고 있는데 왜 그렇게 난리인가 하실 수 있습니다. 그래서 블록체인, NFT를 이용한 P2E가 기존 아이템 거래소 구조와 어떻게 다른지 알아보고, 이에 따라 앞으로 게임 구조가 어떻게 바뀔지 예상해보도록 하겠습니다.

우선 기존 아이템 거래소를 이용한 환전 구조는 다음과 같습니다.

(기존) K-게임의 Play to Earn

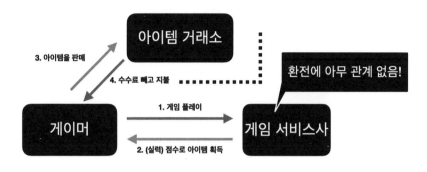

기존 K-게임의 아이템 거래 구조

구조도에서 보이는 바와 같이 아이템 거래소와 게임 서비스사는 아무 관계가 없습니다. 정확히는 그래야만 합니다. 환전과 관계없다는 구조 때문에 아무리 눈 가리고 아웅이네 하는 논란이 있을지라도 합법입니다.

그리고, 이 구조가 현재의 초저확률 사행성 아이템 가챠를 만들어내게 된 구조입니다.

아이템 거래는 싱글 플레이 게임이 주류이던 시절에는 존재하지 않았습니다. 그때는 그냥 자신의 컴퓨터에서 저장 파일을 수정하여 최고의 캐릭터를 만들어 쓰면 됐습니다. 그리고, 그 결과가 다른 사람에게 영향을 주지도 않으니 아무도 뭐라 하지 않았습니다.

그런데 온라인 서버 방식이 생기면서 자신의 캐릭터 정보가 게임 서비스사 서버에 저장되어 마음대로 조작할 수 없는 시대가 됩니다. 거기에 캐릭터 능력치의 우열이 게임에서 중요하게 작동하면서 아이템 거래에 대한 수요가 발생합니다.

이에 대응하여 2000년대 중반에 사용자들 간의 아이템 거래를 중개해주고 일정 수수료를 받는 아이템 거래소가 등장합니다.

이에 대해 우회 환전이라고 하면서 불법화, 금지해야 한다는 말이 많았으나, 2010년 대법원에서 합법 판결이 나면서 오늘날에 이르게 됩니다. 그러면서 게임 서비스사 입장에서는 자신들이 다음 두 가지를 깨닫게 됩니다.

① 자신들이 열심히 만든 게임의 수익을 아이템 거래소가 '합법적으로' 가져가게 된다.
② 자신들이 만들어 낸 아이템을 매우 비싼 가격에 살 용의가 있는 소비자가 존재한다.

이 상황에서 게임 서비스사는 법에 따라 아이템 거래나 판매에 관여할 수 없습니다. 그저 아이템이 비싼 가격에 판매되고 이 중개 수수료로 거래소가 큰돈을 버는 것을 지켜봐야만 했습니다. 그래서 게임 서비스사는 아이템에 큰돈을 지불할 용의가 있는 소비자가 아이템 거래소가 아닌 게임 서비스사에서 직접 구매하게 만들 방법을 고민하게 됩니다.

여기서 기존에 존재하던 기획인 '귀속'과 '가챠' 두 가지를 합치면 위 문제를 해결할 수 있다는 사실을 깨닫고 이 방법이 일반화됩니다.

캐릭터가 한 번 장착하면 다른 캐릭터에게 해당 아이템을 줄 수 없는 귀속을 통해 아이템 거래로 얻을 수 있는 장비에 한계를 둡니다. 그리고, 비싼 가격에 살 소비자가 존재함이 확인된 이상, 초저확률의 가챠를 만들어도 팔릴 것이라는 생각에 그런 가챠를 만들고 그것이 실제로 잘 동작하게 됩니다.

리니지 등의 게임이 처음에는 거의 모든 아이템을 거래할 수 있었지만, 점차 귀속템 중심으로 바뀌게 된 것이 이런 사정에 기반하고 있습니다.

2018년 국정감사에서 엔씨소프트 김택진 대표는 다음과 같이 발언했습니다.

"(확률형 게임은) 아이템을 가장 공정하게 사용자들 사이에 나눠주기 위한 기술적인 장치입니다"

김택진 대표의 위와 같은 발언은 이와 같은 사정을 감안한다면 어느 정도는 맞는 말이 되는 셈입니다.

단지 사람들이 이에 불쾌감을 느끼는 것은 여기서 말하는 '공정'이 게임 내의 실력으로 '공정'이 아니라 '사용한 돈에 따른' '공정'이기 때문일 것입니다.

이제 기존 K-게임 상황을 정리해 보겠습니다.

아이템 거래는 합법이다. 하지만 게임사는 이로부터 이익을 전혀 얼을 수 없었다. 그래서 아이템 거래소 이용을 줄이도록 아이템 거래나 쟁탈 중심에서 '귀속', '가챠' 중심으로 게임 구조를 변경시켜온 것이라고 볼 수 있습니다.

이번에는 블록체인, NFT를 사용한 Play to Earn은 기존 아이템 거래소 방식과 어떤 부분이 다른지 살펴보겠습니다.

NFT를 쓴다고 하는 모든 게임이 같은 구조를 가지는 것은 아닙니다. 여기서 소개하는 것은 2021년에 화제가 된 위메이드의 미르(Mir)식 P2E입니다. 대부분의 국내 게임사가 따라 하고 있기 때문에 이를 K-NFT 게임의 기본 형태라고 해도 큰 무리는 없을 것입니다.

한국 게임사가 NFT 게임이 미래라고 주장하는 이유와 그것이 국내에서 불법인 이유는 동일합니다. 게임사가 아이템 환전으로부터 직접 이익을 얻기 때문입니다.

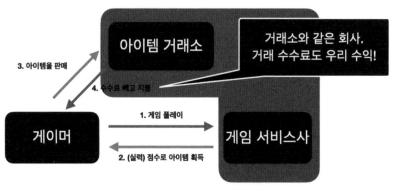

K-NFT 게임의 Play to Earn

위 구조도에서 보이는 바와 같이 K-NFT 게임은 아이템 거래 수수료, 게임머니 판매로 직접적인 이익을 얻습니다. 이 부분이 기존 아이템 거래소 구조와 결정적인 차이입니다.

K-NFT 게임의 기본적인 흐름과 게임사의 수익 구조는 다음과 같습니다.

게임사에 따라 구조가 약간씩 차이가 있을 수 있습니다.

1. 게임을 플레이해서 아이템이나 게임머니를 획득합니다.

여기까지는 기존 게임과 큰 차이가 없습니다. 블록체인을 사용하지 않는 오프체인입니다.

2. 아이템이나 게임머니를 블록체인 지갑으로 이전합니다.

코인 거래소와 동일하게 수수료나 환율이 존재합니다. 여기서 수수료 수익이 발생합니다.

3. 코인 거래소나 NFT 거래소를 통해 아이템, 게임머니를 환전합니다.

이 과정이 온체인일 경우, 게임사가 메인넷을 직접 운영하여 거래 수수료를 획득합니다.

이 과정이 코인 거래소나 NFT 거래소일 경우, 게임사가 코인 거래소나 NFT 거래소를 소유(전체 혹은 일부 지분)하여 거래 수수료를 획득합니다.

추가로 아이템이나 게임머니의 시세가 오를 경우, 게임사는 시세 안정화를 명목으로 게임 밖에서 직접 아이템이나 게임머니를 판매하여 수익을 올릴 수 있습니다.**41**

그간 아이템 거래소가 챙기던 거래 수수료를 직접 챙길 수도 있고, 게임 내 시세를 인위적으로 조절한 후, 게임 밖에서 게임머니를 판매하여 수익을 올릴 수도 있는 것입니다. 특히 시세는 확률과 달리 의도적 조작을 증명하기 훨씬 어렵다는 (업체 입장에서) 장점이 있습니다.

또한, 게임을 하면서 벌게 해준다지만, 이는 빠찡꼬에서 돈을 벌 수 있다고 하는 것과 마찬가지입니다. 게임 내에 들어온 재화의 총량이 늘지 않은 상태에서 수수료를 빼고 누군가에게 나누어 주는 것입니다. 그러니, 누군가는 벌고 누군가는 잃습니다.

이 과정이 직접적인 이익 손해로 보이지 않는 것이 P2E가 가진 (업체 입장에서) 큰 장점입니다. 이 구조에서는 ==가지고 있는 재화를 직접 뺏기거나 잃지 않습니다. 소유는 유지한 채 가치가 떨어지는 형태==가 됩니다. 따라서 ==플레이어 입장에서는 손해를 보고 있더라도 그게 잘 체감되지 않는다==는 장점이 추가로 생깁니다.

게임머니나 아이템을 게임 밖으로 이전 해주는 장치를 제공하고 여기서 수익까지 얻으니 구조상으로는 바다이야기 시절보다 더한 상황

41 '위메이드, 1분기 중 위믹스 추가 매도…4600억원 상당 풀린다'
- MTN뉴스 22.01.12

이라고 할 수 있습니다. 바다이야기는 일본 빠찡꼬와 유사하게 상품권 환전소와 게임업소가 적어도 겉으로는 무관한 구조였습니다.

그래서 K-NFT 게임이 국내에서는 금지입니다. 해외에서는 다른 문제 많은 블록체인 비즈니스들과 마찬가지로 아직 금지가 아닌 상태일 뿐입니다.

반대로 그렇기 때문에 K-게임사들이 NFT를 하겠다고 너도나도 뛰어드는 것이고, 워낙에 큰 금액이 눈에 보이니 이제는 법을 바꾸자고까지 하는 상황입니다.**42**

이렇게 되면 K-게임은 앞으로 어떻게 바뀔까요?

크게 두 가지 변화가 예상됩니다.

① 인피니티 건틀렛 기획이 등장하여 더욱 사행성이 강화된다.

② 귀속, 가챠 중심에서 다시 거래, 쟁탈 중심으로 게임 구조가 변화한다.

첫 번째. 인피니티 건틀렛 기획이 등장하여 더욱 사행성이 강화된다.

마블의 인기 영화 어벤저스를 보면 인피니티 건틀렛이라는 아이템이 나옵니다. 각기 다른 세계에 존재하는 인피니티 스톤을 모아서 인피니티 건틀렛에 모두 끼워 넣으면 무한한 힘을 얻는다는 아이템입니다.

이를 통해 타노스가 전 우주에 존재하는 생명체의 절반을 없애기도, 이를 살려내기도 했습니다.

42 위메이드 장현국 "게임 사행성 개념, 사회적 재논의 필요"
  - 연합뉴스 21.11.18

K-NFT 게임에서는 위와 같은 기획이 가능해집니다.

간단히 이야기하면 A 게임에서 가져온 아이템을 B 게임에서 쓸 수 있게 만들 수 있습니다.

지금까지는 할 수 없었습니다. 기술 문제는 아닙니다. 게임법에 의해 게임 내에서 획득한 게임머니, 아이템을 게임 밖으로 옮길 수 없기 때문입니다. A 게임에서 게임머니, 아이템을 내보낼 수 없으므로 결과적으로 B 게임에서 불러올 수도 없던 것입니다.

그러나, NFT가 금지가 아닌 해외를 이용하면 이 기획이 가능해집니다.

더 중요한 포인트는 아이템, 게임머니를 다른 게임으로 옮길 때 똑같은 아이템일 필요가 없다는 점입니다.

NFT는 특정 그림, 영상과 연결된 것이 아닙니다. 그저 간단한 문자열일 뿐입니다. 블록체인과 무관한 일반 서버에서 해당 문자열일 경우, 이 그림 또는 영상을 보여주게 되어있을 뿐입니다.

예를 들자면 '#1234'라는 문자열이 들어간 NFT를 리니지 서버에 인증하면 '집행검'을 인벤토리에 넣어주는 식입니다. 서버에 오류가 생긴다면 '일반검'이 출력될 수도 있을 겁니다. 그렇다면 고객이 항의하고, 게임사가 서버 오류를 수정해서 다시 '집행검'이 출력되게 해줄 것입니다. 미안하다고 보상도 약간 추가로 제공할 수도 있습니다.

즉, 블록체인 NFT 기술이 아니라 운영사가 #1234를 '집행검'이 되도록 해주고, '집행검'이 여전히 게임 내에서 매우 중요한 아이템이 되도록 유지해주는 겁니다.

반대로 엔씨소프트가 망한다면 #1234라는 텍스트가 포함된 NFT만 암호화폐 지갑에 남아있을 뿐이고 집행검 그래픽과 성능을 확인할 방법은 없어집니다.

그러니 '#1234'를 무엇이라고 선언할지는 게임사가 하는 약속일 뿐입니다. 그림이나 성능도 NFT 안에 포함되어 있지 않은 것입니다. 따라서 이를 B 게임에 가져올 때, 굳이 '집행검'일 필요가 없습니다. B 게임에서 '#1234'를 인증하면 '최강의 방패'를 제공하게 만들어도 아무런 기술적인 문제는 없습니다.

오로지 사행성 문제로 게임 간 아이템 이전을 못 하게 하는 법적 제약이 있었을 뿐입니다. NFT는 그 법을 우회하는 좋은 핑계일 뿐입니다.

현실의 예를 들어보겠습니다. 수능 수험표를 가져오면 커피 한 잔을 드린다거나, 10% 할인을 해드린다거나 하는 이벤트를 하는 경우가 있습니다. **수능 수험표와 커피 한 잔, 10% 할인 쿠폰은 사실 아무런 관계가 없습니다. 이 둘을 연결해주는 것은 판매자의 선언일 뿐입니다. NFT도 마찬가지**라고 보시면 됩니다.

수능 수험표를 팔아서 커피 한 잔을 받는 것이 아닙니다. 수능 수험표를 '인증'하면 커피 한 잔을 받거나 10% 할인을 받는 것입니다. 그래서 수능 수험표 '소유'를 유지한 상태로 여러 곳에서 혜택을 받을 수 있습니다. 역시 NFT도 마찬가지입니다.

#1234 텍스트 NFT를 소유하고 있으면 A 게임에서는 어떤 의미로

동작하게 해주겠다, B 게임에서는 어떤 의미로 동작하게 해주겠다는 개발사의 약속일 뿐입니다. 그러니 A 게임에서 집행검을 NFT로 만든다고 해도 B 게임에서는 똑같이 집행검일 필요가 없습니다.

A 게임에서 최강의 검을 B 게임에서 불러오면 인피니티 건틀렛에 들어가는 인피니티 스톤 중 하나로 되는 것은 법적인 문제 외에 기술적 어려움은 전혀 없습니다. 이것의 스케일을 키운다면 '가' 게임사에서 운영 중인 A, B, C, D, E 의 최강 아이템을 들고 와서 F 게임의 인피니티 건틀렛에 넣으면 건틀렛이 완성된다고 할 수 있습니다.

이렇게 하면 게임 서비스사 입장에서는 A, B, C, D, E 중 실적이 부진한 C의 아이템을, 가장 잘나가는 게임 F에서 상당히 가치가 있는 아이템이 되도록 업데이트해서 사람들이 C게임을 즐기게 만들 수 있습니다.

게임 단일 단위가 아닌 여러 게임 스케일의 컴프 가챠가 이루어지는 것입니다.

이러면 인기 있는 F 게임의 사용자들이 게임 내에서 중요한 아이템을 완성하기 위해 별 관심이 없는 A, B, C, D, E 게임을 돌면서 파밍하게 만들 수 있습니다. 이러면 그것이 귀찮아서 해당 게임의 아이템을 구매 또는 임대하려는 수요가 생길 것이고, 현재와 달리 이 모든 구매, 임대 과정에서 벌어지는 수수료에 대해 게임사가 직접 이득을 취할 수 있습니다.

두번째. 귀속, 가챠 중심에서 다시 거래, 쟁탈 중심으로 게임 구조가 변화한다.

아이템 거래로 발생하는 수수료 수익에 손을 댈 수 없는 현재 게임 법 구조의 영향으로 K-게임은 귀속, 가챠 중심으로 변화한 면이 있습니다. 그러나, NFT를 핑계로 게임사는 단일 게임이 아니라 게임 간에도 오갈 수 있는 아이템 거래가 가능해지고, 여기에서도 이익을 얻을 수 있게 됩니다. 그렇다면 이제 게임사는 온갖 욕을 먹고 있는 가챠 모델을 굳이 고집할 필요가 없어집니다. 대신에 거래가 활발하게 발생할 수 있는 형태로 게임을 만들게 될 것입니다.

수수료와 게임머니 판매 기반으로 옮기면서 생기는 장점은 가챠보다 훨씬 공정하게 보인다는 점입니다. NFT를 '소유' 한다고 하면서 고객이 '가치'를 소유하는 것처럼 착각을 심어줄 수 있습니다. 많은 지적을 받는 유료 가챠를 없애면 무언가 개선된 것, 고객을 위하는 것처럼 보일 수 있습니다.

우선 '소유' 개념부터 보겠습니다.

소유와 가치가 일치하지 않고 게임사가 소유는 놔두고 가치만 빼갈 것이라는 설명이 쉽지는 않았습니다. 그러나, 테라 사태 이후 매우 설명이 간단해졌습니다.

테라 사태는 1$의 가치를 유지해주겠다는 암호화폐 테라가 이를 지키지 못하고 가치가 폭락하면서 사실상 가치가 0에 수렴하게 된 사건입니다. 복잡한 과정은 생략하고 소유와 가치가 일치하지 않는 지점만 보겠습니다.

테라 가치가 0이 되었다는 것은 무슨 뜻일까요?

앞에 설명한 바와 같이 암호화폐 기술은 가치를 지켜주는 것과 관계가 없습니다. 단지, 발행사가 약속을 지키지 않아서 아무도 그 코인을 인정하지 않게 되었다는 뜻인 것입니다.

이게 K-게임사의 NFT '소유'와 무슨 관계일까요?

잠깐만 생각해보시면 답이 나옵니다. 테라 구매자들은 여전히 테라를 '소유'하고 있습니다. 그분들의 암호화폐 지갑에는 '테라'가 그대로 들어있습니다. 테라 운영사 측은 그분들의 '테라'를 0.0001만큼도 가져가지 않았습니다. 대신 '가치'를 어딘가로 팔아치우거나 옮긴 후, 약속을 깨버린 것입니다. 이것이 NFT '소유'에도 그대로 적용됩니다. 오히려 훨씬 더 쉽고 간단합니다.

NFT를 게이머가 '소유'했는데 이런저런 이유로 가치가 올랐다면, 공급 조절을 마음대로 할 수 있는 게임 서비스사가 게임 외부에서 아이템이나 게임머니를 팔아서 수익을 올릴 수 있습니다. 게임 내에서 벌어지는 업데이트나 패치라면 고객들이 상대적으로 쉽게 알아볼 수 있으나, 익명 지갑 기반의 외부 거래에서 이런 일이 벌어지면 아이템 시세의 폭락과 폭등에 개발사가 관여한 것인지 훨씬 알기 어려워집니다.

이것이 '소유'는 유지하고 '가치'를 훔쳐 가는 방식입니다.

호재를 미리 알고 사재기나 팔기를 하면 주식 시장에서는 잡혀갈 일이지만, 게임 NFT에서는 현물이 아니니 처벌도 약하거나 없을 것이며, 증명도 훨씬 어려울 것입니다.

앞으로 이런 '의혹'만 가지고 고객들이 불만을 표시하면 서비스사는 '오해'라고 말하는 상황이 지속해서 발생할 것입니다.

추가로 이런 거래와 가치 등락이 쉽게 발생하려면 게임 내 아이템이 게임 캐릭터에게 귀속되는 형태면 안됩니다. 그러니 모든 아이템은 다시 거래가 가능해지고, 쟁탈 중심으로 바뀔 것입니다. 이렇게 된다면 비슷비슷한 게임을 많이 가지고 있는 거대 개발사가 유리해집니다. 왜냐하면, 게임 구조가 비슷해야 A 게임에서의 아이템이 B에서 이 정도 가치를 가지게 된다는 것에 대해 사람들이 상대적으로 쉽게 계산하고 납득할 것이기 때문입니다.

이미 넥슨에서는 메이플스토리를 활용한 블록체인 게임에서 가챠를 없애고 수수료 중심으로 서비스 하겠다고 밝혔습니다.

이것이 앞으로 K-게임사들이 NFT를 활용하여 그리려는 미래가 될 것이라 충분히 예상할 수 있습니다.

맺음말

"이거 진짜 재밌지 않겠냐?"

머리말에서 잠깐 언급한, 일본 SNK사의 빠찌슬롯을 한국 법에 맞게 수정하는 작업을 했던 시절의 이야기입니다.

당시 해당 업무를 책임지고 있던 빠찡꼬 전문가 상사분이 어느 날 제게 했던 말입니다.

그러면서 잡지를 보여줬습니다. 무슨 재미있는 게임 이길래 이러나 했는데 신작 빠찡꼬 게임을 소개한 일본 잡지였습니다. 빠찡꼬가 재미 있다니. 당시 합법이었다고는 해도 회사에서 시킨 일이라 마지못해하고 있던 제게는 전혀 이해되지 않는 말이었습니다.

빠찡꼬는 도박이고 어차피 고객은 손해만 보는 구조. 그러니 빠찡꼬는 대박 날 것이라고 허황된 꿈을 꾸는 바보들이나 하는 것이라는 생각을 하고 있었습니다. 상사의 말이 이해가 될 리 없었습니다.

예전 88올림픽 전후로 국내에서 잠시 빠찡꼬가 허용이 된 적이 있었습니다. 그분은 그때 일본 업체로부터 빠찡꼬 업무를 직접 배웠다고 했습니다. 그 뒤 빠찡꼬가 다시 불법이 되면서 해외를 전전하다가 다시 합법이 되었다는 이야기를 듣고 한국에 돌아와 저와 인연이 되었던 것이었습니다.

빠찡꼬를 단순히 업무가 아니라 정말로 즐기는 분이었습니다. 농담이 아니라 진심으로 재미있겠다고 생각하면서 제게 말한 것이었습니다. 그러면서 연출이 어떨 것 같다, 여기서 이렇게 이렇게 된다고 한다 등등 해당 게임(?)의 매력을 제게 이해시키려 노력하셨습니다.

정말로 인상적이었기 때문에 그 빠찡꼬 게임의 이름이 '수왕(獸王)' 이었다는 것이 아직까지 기억에 남아있습니다.

"캐주얼 빠찡꼬"

그 뒤 우연히 '한류'라는 말을 만들어 낸 인기 드라마 '겨울연가'의 빠찡꼬 버전 계약 진행 업무 일부를 맡은 적이 있습니다. 그 과정에서 운 좋게 겨울연가 빠찡꼬 기획서를 볼 수 있었습니다. '캐주얼 빠찡꼬' 라는 말은 해당 문서에서 겨울연가 빠찡꼬의 컨셉을 설명할 때 사용된 단어였습니다. 어차피 법으로 확률이 다 정해져 있는 빠찡꼬였기에 그림만 다르고 다 똑같은 게임인 줄 알았습니다만, 아니었습니다.

　10%의 확률로 당첨이라고 할 때, 10번 중에 1번이 될 것인지, 100번 중에 10번 몰아서 줄 것인지, 아니면 극단적으로 1000번 중에 900번은 아무 일도 없고 100번 몰아서 줄 것인지 다 다른데, 확률로는 모두 같은 10% 입니다. 10번 중에 한 번씩 소소하게 계속 당첨이 되는 스타일이 캐주얼 빠찡꼬였습니다. 반대로 1000번 중에 900번은 아무 일이 없는 스타일이면 하드코어 빠찡꼬인 것이었습니다. 작은 당첨이 계속된다는 것은 반대로 이야기하면 큰일은 벌어지지 않는다는 뜻입니다. 반대로 당첨이 되지 않고 있으면 대박이 날 가능성이 올라간다는 뜻입니다. 이 개념을 이해하고 있는 하드코어 플레이어라면 당첨이 되지 않는 상황이 지속될수록 흥분하게 됩니다. 반대로 그 정도의 이해가 없는 플레이어라면 그 상황이 오기 전에 포기하고 말아버립니다.

　'겨울연가'는 빠찡꼬에 익숙하지 않은 중년 여성을 타겟으로 기획되어 작은 당첨이 자주 발생하는 확률 구조를 가지게 만들 것이라는 말을 '캐주얼 빠찡꼬'라고 간단하게 설명했던 것입니다.

　"서버 전체 채팅으로 아이템 당첨 메시지를 보내면 안 됩니다."

　위의 내용처럼 게임물관리위원회의 사행성 심의 조항에 명확하게 있지는 않지만, '사행성이 강해진다'고 판단하여 수면 아래에서 조정하던 건들이 상당히 많았습니다. 대게는 소위 사행심을 부추기는 기법들에 대한 제약이었습니다. 게임물관리위원회는 입법, 행정 기관이 아니어서 명백하게 그런 기법에 대해 불법이라고 단정할 권한이 없습니다. 그래서, 대부분은 권고 형태로 왔습니다. '사행성이 심한 기획인데 이대로 진행하면 심의 반려가 나올 수 있습니다. 괜찮겠습니까?' 하고 말이죠. 명확한 규정이 있는 것이 아니니 '이 정도로 수정하면 되지 않을까요?' 같은 역제안이 오가기도 했습니다.

개발한 내용을 수정하여 재심의받는 것은 개발 비용뿐 아니라 전체 일정이 지연되는 큰일이므로 사업적으로 굉장히 중요한 사항입니다.

따라서 '이 기획은 이미 우리가 심의 진행해 봤는데 안 된다고 했다' 같은 정보가 있으면 애초에 개발 단계에서 해당 기획을 개발할지, 포기할지 여부를 결정할 수 있으므로 중요한 정보였습니다. 그래서 사행성 심의와 관련한 기획을 검토하는 게임사 담당자들끼리 게임물관리위원회와 수면 아래로 오갔던 정보를 주고받기도 했습니다.

소위 가챠 모델이 들어간 것은 2004년 메이플스토리로 알려져 있습니다. 가챠 과금 모델이 등장한 지 20여 년이 된 것입니다. 이제 가챠에서 사용되는 기법을 반대로 빠찡꼬에서 따라 하는 수준이 되었습니다. 이 과정을 직, 간접적으로 경험한 입장에서 개인적으로도 많은 관점의 변화가 있었습니다.

대단한 노하우처럼 생각하여 꼭꼭 숨기거나 나쁜 것으로 보아 터부시하기보다는 흥미로운 요소들을 정리해 본다면 충분히 각 분야에서 참고해 볼 만한 여지가 있지 않을까 생각하게 됐습니다.

또한 게임사와 일반 소비자 및 게이머가 가진 정보 격차가 줄어든다면 관련한 논의도 훨씬 의미 있게 진행될 것이라 생각하고 있습니다.

바다이야기 사태의 직접적인 원인이 된 것은 경품용 상품권입니다. 그러나, 지금도 상품권 자체는 아무 문제 없이 사용되고 있습니다. 독도 잘 쓰면 약이 된다고 하니, 본 책에 소개된 내용들이 독자분들의 해석을 통해 유익하게 사용될 수 있다면 더 바랄 것이 없겠습니다.

감사합니다.

읽어주셔서
감사합니다!

족제비와
토끼♡

당신이 몰랐으면 하는 K-게임

사행성의 비밀

2023년 7월 18일 초판 2쇄 발행

저　자 ▌ 고라
삽　화 ▌ 족제비와토끼

협　력 ▌ 오영욱, 유지영
디자인 ▌ 김경희
편　집 ▌ 권오범
발행인 ▌ 홍승범
발　행 ▌ 스타비즈(제375-2019-00002호)
　　　　주소 [16282] 경기도 수원시 장안구 조원로112번길 2
　　　　팩스 050-8094-4116
　　　　e메일 biz@starbeez.kr

ISBN　▌ 979-11-92820-01-9 03690